Prof. Dr. Gelzer

Pergamon unter Byzantinern und Osmanen

EHV
HISTORY

Prof. Dr. Gelzer

Pergamon unter Byzantinern und Osmanen

ISBN/EAN: 9783955640651

Auflage: 1

Erscheinungsjahr: 2013

Erscheinungsort: Bremen, Deutschland

EHV
HISTORY

PERGAMON UNTER BYZANTINERN UND OSMANEN.

VON

PROF. DR. GELZER
IN JENA.

AUS DEM ANHANG ZU DEN ABHANDLUNGEN DER KÖNIGL. PREUSS. AKADEMIE DER WISSENSCHAFTEN VOM JAHRE 1903.

BERLIN 1903.

VERLAG DER KÖNIGL. AKADEMIE DER WISSENSCHAFTEN.

IN COMMISSION BEI GEORG REIMER.

I. Pergamon als eine der Metropolen der diokletianischen Provinz Asia.

Das Ende des 3. und der Beginn des 4. nachchristlichen Jahrhunderts kennzeichnen sich auch für Kleinasien als die Markscheide eines völlig neuen Zeitalters durch die großartige Umgestaltung und Neuschöpfung, welche die gesamte Reichsverwaltung und die Provinzialeinteilung erfuhren, jene Neuschöpfung, welche an die Namen Diokletian und Konstantin geknüpft ist. Mehr als vier Jahrhunderte waren verflossen, seit der letzte Attalide sein Reich der römischen Republik vermacht hatte. Aber wenigstens äußerlich war noch ein Schatten der alten pergamenischen Königsherrlichkeit geblieben. Durch den Namen des Weltteils, den man nicht ohne Absicht dem ehemaligen Attalidenreiche beigelegt hatte, ragte die Provinz Asia in bedeutsamer Weise, wie Karthago-Afrika, aus der Masse der übrigen hervor. Für solche historischen Erinnerungen hatte die neue Zeit jedes Verständnis verloren, und das alte Königreich wurde in fünf, bald in sieben kleine Provinzen zerschlagen.[1]

Die neue Provinz Asia, zu der auch Pergamon gehörte, umfaßte eigentlich neben dem Kaïkostal nur den aeolisch-ionischen Küstenstrich bis an den Maeandros. Die an das Heilige Römische Reich Deutscher Nation erinnernde Feierlichkeit, mit welcher die Rangstreitigkeiten zwischen den verschiedenen μητροπόλεις und πρῶται τῆς Ἀσίας erörtert wurden[2], und welche

[1] Die diokletianische Ordnung kennt: Asia, Lydia, Caria, Phrygia, Insulae, wozu dann im Laufe des 4. Jahrhunderts noch Hellespontus und Phrygia secunda kommen. Vergl. meinen Aufsatz in der Festschrift für H. Kiepert 1898: Geographische Bemerkungen zu dem Verzeichnis der Väter von Nikaea S. 53 ff.

[2] Diese Rangstreitigkeiten behaupteten einen überaus zähen Vitalismus durch die Kirche. Magnesia am Maeandros nannte sich in der Kaiserzeit ἑβδόμη τῆς Ἀσίας. J. Marquardt,

die überlegene Heiterkeit der römischen Herren hervorgerufen hatte, war auch in dieser späten Zeit nicht ausgestorben. Die kleine Provinz besaß nicht weniger als vier Metropolen. Pappos von Alexandrien, unter Theodosios dem Großen (379—395) blühend, hat unter dem Titel »Allgemeine Weltbeschreibung«[1] eine kürzende Bearbeitung des ptolemaeischen Lehrbuchs der Geographie herausgegeben, welche uns in einer armenischen etwa um 700 angefertigten Übersetzung und Umarbeitung unter dem Namen: »Geographie[2] des Mōsēs von Chorēn« erhalten ist. Wir ersehen daraus, daß Pappos, wie sich das bei einem schulmäßigen Leitfaden eigentlich von selbst versteht, das Gerüste der augusteischen, zu Ptolemaeos' Zeiten noch gültigen Provinzialeinteilung durch die Provinzialordnung seiner, d. h. der theodosianischen Zeit ersetzt hat. Er kennt auch bereits die erst nach Diokletian eingetretenen Veränderungen der Regierungsbezirke. So führt er z. B. Mysien oder Hellespontos mit Kyzikos als besondere Provinz auf. Karien und Lydien werden ausdrücklich vom »eigentlichen Asien« abgesondert. Über dieses schreibt er[3]: »Die Provinz 'das eigentliche Asien' ist Mysien benachbart am Meere (gelegen); ihre Metropolen (mayrakhałakh) sind Ephesos, Smyrna (Zmirnia), Pergamos[4] (verschrieben Perganos), Trallis (Zorałis aus Tralis verschrieben), die unter sich 48 Städte haben.« Von diesen 48 asiatischen Städten — in der Summe sind die vier Metropolen wahrscheinlich einbegriffen — führen Hierokles und die Notitien 43 auf. Diese Masse von städtischen Gemeinwesen in der verhältnismäßig kleinen Provinz weisen

---

Römische Staatsverwaltung I² S. 346 Anm. 2. Einen neuen prachtvollen Namen hat die Kirche noch Ende des 7. Jahrhunderts festgehalten. Beim Quinisextum (692) unterschreibt der dortige Bischof: Πατρίκιος ἀνάξιος ἐπίσκοπος Μαγνήτων Πρωτομαιανδρουπόλεως τῆς Ἀσιανῶν ἐπαρχίας. Mansi XI 993.

[1] οἰκουμενικὴ χωρογραφία Suidas s. v. Πάππος.

[2] ašḫarhaçoyç, wörtlich »mappa«, im Sinne von »mappa mundi«.

[3] Den einzigen brauchbaren Text mit dieser wertvollen Angabe liefert die Ausgabe von P. Arsène Soukry, Géographie de Moïse de Corène, Venedig 1881, S. 30 der Übersetzung, S. 22 des Textes. (Bezüglich der Eigennamen ist die Übersetzung nicht zuverlässig.)

[4] Bei den Späteren heißt die Stadt durchweg ἡ Πέργαμος, wie hier Pappos bietet. So Hierokles 661, 5 Πέργαμος; Akten des Ephesinum II S. 4, Hoffmann: Pergamos; Johannes von Ephesos in Feestbundel aan Prof. M. J. de Goeje... door eenige oud-leerlingen. Leiden 1891, S. 71 Pergamos. Derselbe, De beat. orient. S. 164 (= Land, Anecd. Syr. II S. 256) Pergamā (PRGM'), S. 208 (= Land S. 371) korrupt Prūgamā (PRUGM'). ἐν τῇ Περγάμῳ Theophanes 390, 27. τὴν Πέργαμον Nicephor. Brev. S. 52. Bergamūs Barhebraei chron. Syr. edd. Bruns et Kirsch II S. 120, 5. τὴν Πέργαμον Miklosich et Müller, Acta patr. II 397.

auf die hohe Blüte und den Wohlstand derselben in der damaligen Zeit hin; nicht weniger beweist die hervorragende Stellung, welche Pergamon noch immer unter den Provinzialstädten behauptet, daß es seinen altererbten Glanz und seine auf der starken Bevölkerung beruhende Bedeutung noch immer nicht eingebüßt hatte.

II. Die Urgeschichte der Kirche von Pergamon.

Um so auffallender ist, daß Pergamon kirchlich gar keine Rolle spielte, sondern bis ins 12. Jahrhundert einfaches Suffraganbistum von Ephesos geblieben ist. Und doch rühmte auch Pergamon sich, Apostelschüler als erste Inhaber des Bischofsthrones zu besitzen. »An Gaios den Lieben, den ich in Wahrheit liebe« hatte Johannes der Presbyter seinen dritten Brief gerichtet[1]; er soll später als erster das Bischofsamt in Pergamon bekleidet haben.[2] Auch »Antipas, mein Zeuge, mein Getreuer, der bei euch getötet wurde, wo Satans Thron ist«[3], war nach der Legende Bischof von Pergamon und erlitt unter Domitian den Märtyrertod.[4] Diese chronologische Bestimmung ist natürlich lediglich aus der Apokalypse erschlossen. Antipas der apostolische Märtyrer wird noch heute von den christlichen Pergamenern verehrt. Allein zu einer höheren kirchlichen Stellung hat er seiner Vaterstadt nicht verhelfen können, und doch ist er nicht der einzige Blutzeuge, dessen Pergamon sich rühmt. Bereits Eusebios gedenkt »der Akten des Karpos, des Papylos und des Weibes Agathonike, welche in Pergamon der Stadt Asiens ihr Blutzeugnis ablegten und nach vielen herrlichen Bekenntnissen glorreich vollendeten«.[5] Eusebios erzählt in der Kirchengeschichte diese Martyrien und ebenso die gleichzeitigen des Pionios in Smyrna im Anschluß an das des heiligen Polykarpos, und durch eine höchst seltsame Konfusion macht er diese Märtyrer zu Polykarps Zeitgenossen.[6] In Wahrheit gehören sowohl

---

[1] Ὁ πρεσβύτερος Γαΐῳ τῷ ἀγαπητῷ, ὃν ἐγὼ ἀγαπῶ ἐν ἀληθείᾳ. 3. Joh. I 1.

[2] Constit. apost. VII 46.

[3] Apokal. 2, 13.

[4] Menäen zum 11. April.

[5] Ἑξῆς δὲ καὶ ἄλλων ἐν Περγάμῳ πόλει τῆς Ἀσίας ὑπομνήματα μεμαρτυρηκότων φέρεται, Κάρπου καὶ Παπύλου καὶ γυναικὸς Ἀγαθονίκης, μετὰ πλείστας καὶ διαπρεπεῖς ὁμολογίας ἐπιδόξως τετελειωμένων. Euseb. h. eccl. IV 15, 48.

[6] Euseb., a. a. O. 47. τῶν γε μὴν τότε περιβόητος μάρτυς εἷς τις ἐγνωρίζετο Πιόνιος und die pergamenischen Märtyrer werden durch ἑξῆς zeitlich eng angeschlossen.

Pionios als Karpos und seine pergamenischen Genossen der Epoche der decianischen Verfolgungen an. Metrodoros und Pionios waren im März 250 durch den Prokonsul Julius Proculus Quintilianus zum Tode verurteilt worden. Der ἀνθύπατος, welcher das Verhör in Pergamon leitete, ist wahrscheinlich sein Nachfolger Optimus.[1] Zum Bischof von Pergamon macht den Karpos erst ein spätes und schlechtes Synaxar.[2] Auch die unter dem Namen des Symeon Metaphrastes edierten Akten mit dem fingierten Prokonsul Valerius enthalten nahezu nichts Historisches.[3] Um so wertvoller sind die von B. Aubé publizierten Akten.[4] Sie sind ein authentisches, wenn auch — wie es scheint — mehrfach gekürztes Protokoll des Verhörs vor dem Prokonsul, wie schon der Eingang zeigt: »Als der Prokonsul in Pergamon weilte, wurden vor ihn Karpos und Papylos, die seligen Zeugen Christi, geführt. Der Prokonsul, nachdem er den Vorsitz übernommen, sagte: »Wie heißt Du?« Der Selige antwortete: »Mein erster und vorzüglichster Name ist 'Christ'; wenn Du aber nach dem Namen in der Welt fragst, Karpos« usw.[5] Die Männer werden von dem hohen Dignitär mit vieler Rücksicht behandelt; es sind offenbar Leute von Stande.[6] Das Verhör mit Papylos

---

[1] Waddington, Fastes procons. de la prov. d'Asie p. 269. Aubé, Revue archéol. 1881, N. S. 42 p. 349.

[2] Vergl. AASS. m. April. T. II d. XIII, S. 120 ff. Die dort von den Bollandisten gesammelten Stellen sind lehrreich, weil sie das Wachsen der Legende dartun. Rufinus erwähnt noch ganz richtig IV 15 »martyrum gesta Carpi cuiusdam et Papyrii et Agathonicae«. Schon die ältesten Martyrologien, so das Martyrologium Hieronymianum, machen Carpus zum Bischof. Vergl. AASS. Oct. XIII, 1883, p. X: Pridi. Id. Apl. In Asia Pergammo natale Carpi episcopi. Pauli. Isaac. Agatonis. Die mehrfache Verschreibung Polycarpus' deckt die Quelle des Irrtums auf. Frecher logen die Späteren. Das Synaxarium des Collège von Clermont hat: »S. Carpus erat episcopus Pergamaeorum ecclesiae, post discessum Ioannis theologi et evangelistae constitutus«, das Menologium Sirleti: Carpus erat episcopus Thyatirae. AASS. a. a. O. S. 121 A und C.

[3] Μαρτύριον τῶν ἁγίων καὶ ἐνδόξων τοῦ Χριστοῦ μαρτύρων Κάρπου καὶ Παπύλου καὶ τῶν σὺν αὐτοῖς Migne 115, 105—125.

[4] Μαρτύριον τῶν ἁγίων Κάρπου καὶ Παπύλου καὶ Ἀγαθονίκης in: Un texte inedit d'actes de martyres du IIIe siècle. Revue archéol. N. S. 42, 1881, p. 348—360. Aus dem hochwertvollen, mehrere κειμήλια und Unika enthaltenden Kodex Paris. 1468 (S. XI).

[5] A. a. O. S. 354. Ἐνδημοῦντος τοῦ ἀνθυπάτου ἐν Περγάμῳ προήχθησαν αὐτῷ οἱ μακάριοι Κάρπος καὶ Πάπυλος μάρτυρες τοῦ Χριστοῦ. Ὁ δὲ ἀνθύπατος προκαθίσας ἔφη· τίς καλεῖ; ὁ δὲ μακάριος ἔφη· τὸ πρῶτον καὶ ἐξαίρετον ὄνομα χριστιανός, εἰ δὲ τὸ ἐν τῷ κόσμῳ ζητεῖς, Κάρπος.

[6] Auch die unechten Akten betonen, wie schon Aubé bemerkt, mehrfach die gute Herkunft der Märtyrer, worin vielleicht eine echte Überlieferung verborgen ist. Migne 115,

eröffnet der Gouverneur mit der Frage: »Bist Du Ratsherr?« Papylos antwortet, er sei Bürger, und zwar von Thyateira. Man möchte annehmen, daß der Beginn der Akten unvollständig sei; Karpos wird nämlich nicht nach seinem Stande gefragt. Wahrscheinlich hatte sich derselbe als Buleut von Pergamon bezeichnet, woraus dann die Frage des Statthalters an seinen Genossen sich ganz ungezwungen ergäbe. Das Verhör macht den Eindruck, daß Mitte des 3. Jahrhunderts von den 120000[1] Einwohnern der Stadt Pergamon ein nicht unbedeutender Bruchteil christlich und die Mehrzahl der übrigen den Christen freundlich gesinnt war. Als Papylos die Frage des Prokonsuls, ob er Kinder habe, im geistlichen Sinne bejaht, macht einer aus dem Zuhörerraum den Beamten auf die mystische Bedeutung der Antwort des Christen aufmerksam.[2] Den Pergamenern war diese »pneumatische« Sprache offenbar schon ganz geläufig und verständlich, während der Prokonsul, ein Sohn des noch stark paganischen Westens, »ob der Lüge« in Zorn geriet. Als dann unter den Zuschauern Agathonike vom Märtyrerenthusiasmus ergriffen wird, warnt die Menge sie teilnehmend, und während der Exekution klagt sie laut über »das grausame Urteil und die ungerechten Befehle«.[3] Offenbar bestand damals schon geraume Zeit eine διαδοχή christlicher Bischöfe in der zweiten Stadt der Provinz. Aus vorkonstantinischer Zeit kennen wir aber nur einen, Theodotos, um die Mitte des 2. Jahrhunderts blühend, welcher gegen die gnostische Sekte der Kolorbasianer

---

105: Κάρπος καὶ Πάπυλος, οἱ πατρίδος μὲν ὑπῆρχον περιφανοῦς, τῆς Περγαμηνῶν πόλεως, πατέρων δὲ σφόδρα φιλαρέτων γενόμενοι κατάλληλον ἐπεδείκνυντο καὶ τὴν ἀγωγήν, οἷά τινος ῥίζης εὐγενοῦς εὐγενῆ βλαστήματα. 109: τὸ εὐγενὲς καὶ κόσμιον τῶν ἀνδρῶν αἰδούμενος. Ebenda: ἐπεὶ δὲ καὶ ὄψις καὶ ἡ τῶν ἠθῶν εὐκοσμία τὴν τῆς γνώμης ἐλευθερίαν δηλοῦσι. Im Verhör, was freilich die echten Akten nicht haben, bezeichnet Papylos sich ausdrücklich als Arzt. 120: »μεμάθηκας ἤδη«, φησίν, »ὅτι ἐλευθέρων πατέρων ἐγὼ παῖς· ἐκ Θυατείρων δὲ ὥρμημαι, μέτειμι δὲ ἰατρικήν.«

[1] Εἴπερ οὖν ἡμῖν οἱ πολῖται πρὸς τοὺς τετρακισμυρίους εἰσίν, ὁμοῦ ἐὰν προσθῇς αὐτῶν τὰς γυναῖκας καὶ τοὺς δούλους, εὑρήσεις σεαυτὸν δυοκαίδεκα μυριάδων ἀνθρώπων οὐκ ἀρνούμενον εἶναι πλουσιώτερον. Galen. V S. 49, Kühn. Beloch, Die Bevölkerung der griechisch-römischen Welt, S. 236, schließt daraus für Pergamon sogar auf eine Bevölkerung von 180000 Einwohnern.

[2] Εἷς δέ τις τῶν ἐκ τοῦ δήμου ἐβόησεν λέγων· κατὰ τὴν πίστιν αὐτοῦ τῶν χριστιανῶν λέγει τέκνα ἔχειν. a. a. O. S. 357. Man bemerke auch hier die uns aus den antisemitischen Verhören unter Commodus wohlbekannte großartige Redefreiheit, welche die damalige Magistratur gestattete.

[3] Οἱ δὲ ἰδόντες ἐθρήνησαν λέγοντες δεινὴ κρίσις καὶ ἄδικα προστάγματα, a. a. O. S. 359.

eine Synode von sieben Bischöfen versammelte und die Häretiker verdammte.[1]

III. Die Kirche von Pergamon im 4. Jahrhundert.

Um so mehr treten die Bischöfe von Pergamon im 4. Jahrhundert hervor. Als der christusliebende Augustus Konstantius den Bischöfen stets neue Synodalgutachten über die zweite Person in der Gottheit abverlangte und »die Scharen der Oberpriester nach allen Seiten auf den Staatsfuhrwerken nach den sogenannten Synoden eilten«[2], haben auch die Kirchenhäupter von Pergamon oft und gern von dieser angenehmen und unentgeltlichen Reisegelegenheit Gebrauch gemacht. In Serdica 347[3] erscheint Eusebius episcopus a Pergamo[4] unter den unzufriedenen, weil arianisierenden Orientalen, welche unter Führung des Stephanos von Antiochien und des Theodoros von Herakleia eine Sezession veranstalten und in Philippupolis ein Gegenkonzil abhalten. Sein Nachfolger Drakontios[5] wurde 360 auf der Synode zu Konstantinopel, welche unter Leitung des Akakios und Eudoxios, der extremen Arianer, stand, mit zahlreichen Mitbrüdern nicht aus dogmatischen Gründen abgesetzt, sondern weil jene beiden Ehrgeizigen die Erbitterung des Kaisers benutzten, um auf die wichtigsten Stühle ihnen unbedingt ergebene Parteigänger zu bringen. Drakontios wurde abgesetzt,

---

[1] Nach dem Praedestinatus genannten Liber de haeresibus LXV (Gallandi, Bibl. vet. PP. X S. 364): Quintadecima haeresis Colorbasiana a Colorbasio (v. l. Colobrasio) adinventa vitam omnem hominum in septem stellis esse positam: et has septem ecclesias et septem candelabra aurea conabatur adstruere. Hunc sanctus Theodotus de Pergamo episcopus habita synodo septem episcoporum anathematizavit. War das vielleicht eine Synode der sieben apokalyptischen Kirchen, welchen die Spielereien des Irrlehrers mit den sieben Kirchen, Sternen und Leuchtern besonders nahegehen mußten? Die Verurteilung in Pergamon unter dem Vorsitz des pergamenischen Bischofs läßt darauf schließen, daß die gnostische Seite da »wo des Satans Thron ist« besonders stark verbreitet war.

[2] Ammian. Marcell. XXI, 16 18.

[3] Konsulatsjahr des Rufinus und Eusebius. Sokrates II, 20 4.

[4] Mansi III 139. Auch unter den Vätern der Synode von Gangra erscheint er. Indessen die nur lateinisch erhaltenen Subskriptionen der Kanones jener kleinen Konzilien des 4. Jahrhunderts (Ankyra, Antiochia, Gangra, Laodikeia usw.) scheinen meist auf Fälschungen zu beruhen. Zwischen 360 und 370, wo die Synode von Gangra stattfand, war Eusebios längst nicht mehr Bischof.

[5] Le Quien, Oriens Chr. I 715 läßt ihn am Konzil von Seleukeia teilnehmen, indessen seine Absetzung, deren er gedenkt, geschah in Konstantinopel, nicht in Seleukeia. Zudem besitzen wir das Verzeichnis der seleukischen Väter. Drakontios ist nicht darunter.

weil er sich von einem bescheidenen galatischen Bistum nach dem glänzenden Pergamon hatte berufen lassen[1]: ein fadenscheiniger Grund; denn längst hatte die Macht der Verhältnisse den Grundsatz der Urkirche, daß kein Bischof seine Kathedrale wechseln dürfe, obsolet gemacht[2]; allein man benutzte den Kanon gern, wenn es galt, unbequeme Gegner zu entfernen.[3] Drakontios' zweifellos unmittelbarer Nachfolger Barlamenos[4] gehörte zu den Teilnehmern des 363 in Antiochien versammelten Konzils, jenen sehr klugen Männern, welche, als sie vernahmen, daß der orthodoxe von ihnen gebannte Meletios bei Kaiser Jovian hoch in Ehren stehe, sofort ein orthodoxes Glaubensbekenntnis verfaßten und es dem Kaiser, mit ihren Unterschriften versehen, überreichten. Über diesen Bischof ist sonst nichts bekannt.

Bei den neuen Arbeiten zu Pergamon 1900—1901 legte W. Dörpfeld die Agora am Südabhange des Burgberges frei.[5] Dabei kam der Grundriß einer christlichen Basilika zum Vorschein. Die Apsis, die drei Schiffe und der Narthex der Kirche waren mit Sicherheit festzustellen. Auch der große Hof im Westen vor der Kirche war nicht zu verkennen. Während von den Einrichtungen im Innern der Kirche nichts mehr zu sehen ist, hat sich im Hofe das Pflaster einer runden Anlage, vielleicht des Baptisteriums, und ein großer Brunnen erhalten. Von Anbauten an die Kirche erwähnt Dörpfeld ein mit dem nördlichen Seitenschiff in Verbindung stehendes viereckiges mit Kalkmörtel gebautes Gemach und ein kleineres Viereck, vielleicht Unterbau eines Treppenhauses oder Glockenturms.

---

[1] Δρακόντιον δὲ ὅτι ἀπὸ Γαλατίας μετέβη εἰς Πέργαμον. Sokrates II 42, 5; Sozom. IV 25, S. 581 D. Valois.

[2] Sokrates VII 36 zählt bei Anlaß des nach Kyzikos nominierten, später nach Konstantinopel gewählten Proklos nicht weniger als 14 Beispiele solcher Versetzungen auf.

[3] Noch 536 entfernten die orthodoxen Intriguanten den früheren Bischof von Trapezunt Anthimos vom oekumenischen Stuhle aus diesem Grunde, weil sie auf andere Weise ihm nicht beikommen konnten.

[4] Sokrates III, 25, 18: Βαρλάμενος Περγάμου. Epiphanius Scholasticus hat Barlabentus. »Nomen hoc nec Graecum, nec Latinum«, bemerkt H. Valois. Le Quien, Oriens Chr. I, 716 schlägt Βαρλάαμος vor, eine ebenso naheliegende als unwahrscheinliche Änderung; denn dieser später so beliebte Mönchsname entstammt doch dem buddhistischen Barlaam und Ioasaphromane, gehört also einer erheblich späteren Epoche an. Dazu wäre in einer rein griechischen Stadt der barbarische Name höchst auffällig. Er scheint verdorben.

[5] Mitteilungen des Kaiserlich Deutschen Archäologischen Instituts. Athen. Abt. XXVII 1902, S. 31 ff.

J. Strzygowski sieht in der Kirche ein Beispiel des spezifisch kleinasiatischen Typus. Auch die neuentdeckte Basilika im Altarhofe des großen Tempels zu Baalbek bildet dazu die sprechendste Analogie. Er weist demgemäß die Agorakirche von Pergamon, gleich der Baalbekanlage, dem 4. Jahrhundert zu. Es ist ein Beleg für eine besondere Art, wie man antike Denkmäler für christliche Kultuszwecke umgestaltete. Es sind die in peristyle Höfe eingebauten Kirchen, für welche auch Aegypten weitere Zeugen liefert.[1]

Unter dem für das Reich' so gefährlichen Gotenaufstande des Gaïnas und des Tribigild haben vorzugsweise Phrygien, Lydien, Asien und Hellespontos gelitten. Als 400 die beiden Führer sich bei Thyateira die Hände gereicht, versuchten sie, freilich erfolglos, Sardes durch einen Handstreich zu nehmen.[2] Während dann Gaïnas sich nach Bithynien zurückzog, nahm Tribigild seinen Weg westwärts nach Lampsakos; auf diesem Zuge mag er Pergamon berührt haben. Natürlich vermochten die im Belagerungskrieg unerfahrenen Germanen der festen Stadt nichts anzuhaben.

IV. Der Kampf der Kirchenprovinz Asia mit dem geistlichen Zentralismus.

Im 5. Jahrhundert werden uns wieder die Namen einiger Bischöfe von Pergamon genannt als Teilhaber an den großen ökumenischen Synoden. 431 unterschreibt zu Ephesos Φίλιππος ἐπίσκοπος τῆς Περγάμου πόλεως. Nach den Präsenzlisten sitzt er inmitten einer starken geschlossenen Schar Asiaten, Karer und Lydier, der auserlesenen Leibwache, welche Memnon, der Primas von Ephesos, der bewährte Freund des heiligen Kyrillos, zum Schutze des wahren Glaubens und seiner Person aufgeboten hatte.

Es folgten äußerst unruhige Zeiten für den ephesinischen Stuhl und damit für die gesamte asiatische Provinz. Auf diese Irrungen müssen wir etwas näher eingehen, weil nur so uns die politische und kirchliche Stellungnahme von Klerus und Volk in Pergamon verständlich wird. Die provinziale Autonomie, welche durch die zentralistische Bureaukratie der

---

[1] Strzygowski, a. a. O. S. 33 ff.

[2] Zosimus V 18, 4—6.

Hauptstadt aufs äußerste bedroht ward, hatte ihren letzten Rückhalt in der Kirche. Die Leidenschaftlichkeit der Glaubenskämpfe findet zum Teil ihre Erklärung in dem Umstande, daß sich darin der Widerstand der Provinzen gegen die aufsaugenden Tendenzen der Hauptstadt verkörperte. Auch darf man nicht vergessen, daß in der Epoche der großen Reichskonzilien die kirchlichen Interessen die politischen vollständig überwogen und daß deshalb die bedeutendsten geistigen Kapazitäten sich dem geistlichen Amte widmeten. Das Oberpriestertum mit seinem hohen Einfluß, seiner Unabhängigkeit und seinen reichen Einkünften überragte in der öffentlichen Wertschätzung die höchsten Chargen der Ziviladministration bei weitem. Vettius Agorius Praetextatus, der Praefectus urbi und spätere Praefectus praetorio, sagte scherzweise zu Papst Damasus: »facite me Romanae Urbis episcopum et protinus ero Christianus«. Diesem Scherz lag bitterer Ernst zugrunde. Ambrosius, der Consularis von Liguria, wurde Erzbischof von Mailand; Ephraim, der Comes Orientis, der höchste Beamte der Ostdiözese, ward Patriarch von Antiochien. Beide Wahlen wurden von den Inhabern wie der öffentlichen Meinung als Beförderungen aufgefaßt. 488 war unter den drei Kandidaten des antiochenischen Patriarchats der Silentiar Anastasios, der drei Jahre später Kaiser ward. Ephesos war der Primatialstuhl der großen asiatischen Diözese; daher rührt seine hervorragende Bedeutung.

In der zweiten Hälfte des 4. Jahrhunderts und im beginnenden 5. Jahrhundert ist dann die diokletianische Reichsverfassung auch auf das kirchliche Gebiet übertragen worden; die Metropolen erlangten denselben ausgezeichneten Rang und dieselbe führende Stellung im kirchlichen Leben, wie sie dieselbe im bürgerlichen längst besaßen. Der Bischof der Metropolis stand den Hirten der Landstädte ungefähr wie der in derselben Metropolis residierende Statthalter den Beamten und Dekurionen der anderen Städte gegenüber. Dabei tritt aus dem Kreise der übrigen Metropolen die enggeschlossene Oligarchie der apostolischen Throne mit ihren Ansprüchen als erste der Christenheit immer entschiedener hervor. Konnten die Stühle ihren apostolischen Ursprung nicht nachweisen, wurden falsche Apostel und erdichtete Urkunden fabriziert, so in Neu-Rom. Ephesos mußte durch politischen Glanz als erste Stadt der Diözese Asien, nicht minder durch den apostolischen Ruhm notwendigerweise auch den geistlichen Prinzipat erringen.

Einst hatten bei den jährlichen Festversammlungen der Provinz die Hohenpriester der Kaiser (ἀρχιερεῖς τῶν Σεβαστῶν) und die Asiarchen das feierliche Opfer für den regierenden Kaiser und das Kaisertum überhaupt verrichtet und dem Landtag präsidiert. Staunend betrachtete die aus der ganzen Provinz zusammengeströmte Volksmenge die Asiarchen, wenn sie im Purpurgewande und den Kranz auf dem Haupte unter dem Vorantritt der das Rauchfaß schwingenden Prozessionsknaben ihren feierlichen Einzug hielten. Aber die Gesetze der unüberwindlichsten, christusliebenden Kaiser hatten diese Ehrenämter unterdrückt und ihnen den Makel der Infamie aufgedrückt. An ihre Stelle war nun der Oberpriester des Christengottes getreten. Wenn dieser, umgeben von der großen Schar seiner Leviten, Psalmensänger, Anagnosten und Ekklesiekdiken, an den heiligen Festen des neuen Glaubens in der Kathedrale Johannes' des Theologen das unblutige Opfer darbrachte, da blickte die wieder aus der ganzen Provinz zusammengeströmte Menge mit Ehrfurcht und Staunen auf den amtierenden Hohenpriester, der, bekleidet mit dem goldstrotzenden Phenolion, das Omophorion um die Schultern und auf dem Haupte die edelsteingeschmückte Mitra, es allem Volke zum Bewußtsein brachte, daß er jetzt der erste Mann der Eparchie, ja der Dioezese, der wahre Asiarches sei. Die Hauptstadt Asiens war auch dieser kirchlichen Ehren ganz besonders würdig; sie war in der glücklichen Lage, die Gräber eines Apostels und eines Evangelisten[1] zu besitzen und unter ihren Bischöfen zwei Apostelschüler zu nennen. Der Exarch von Asien schien sich, wie die Bischöfe von Antiochien und Alexandrien, zu einem kleinasiatischen Patriarchen auswachsen zu wollen. Allein die nahe Reichshauptstadt stellte Ephesos bald in Schatten und erweckte im eigenen Bischofe dem Inhaber der Johanneskirche einen gefährlichen, bald übermächtigen Rivalen. Bereits der heilige Johannes Chrysostomos hatte sich mit der ihn charakterisierenden Nervosität höchst gewalttätig in die ephesinischen Verhältnisse eingemischt. Das Bündnis der ephesinischen Metropoliten mit den alexandrinischen Erzbischöfen findet hierdurch seine natürliche Erklärung. Die Alexandriner als Rivalen und Todfeinde der hauptstädtischen Prälaten begünstigten in jeder Weise die Kräftigung und Emanzipation von Ephesos. Stadt und Provinz nahmen an diesen hierarchischen Rangstreitigkeiten mit der derselben Leidenschaft-

[1] Lukas. Dessen Gebeine hatte freilich Konstantius nach der Hauptstadt geschafft.

lichkeit und demselben Ernste teil, wie sie einst in der vorchristlichen Zeit über die Rangabstufung der einzelnen πρῶται und μητροπόλεις gehadert hatten. Es kam zu einer weitgehenden Spaltung. Auf der einen Seite stand die Bürgerschaft und der Klerus der Metropolis; an die Spitze der anderen traten die Landgeistlichkeit, die Suffraganbischöfe, die oft und gern aus ihren kleinen Bezirksstädten nach der »ersten Stadt Asiens« zusammenströmten.

In Ephesos[1] erfreute sich einer ganz außerordentlichen Beliebtheit bei dem Volke der Priester Bassianos; denn er hatte 70 Betten in die von ihm erbaute Armenherberge (Ptocheion) gestiftet und nahm auch Kranke und Verwundete bei sich auf. Allein der kluge Memnon durchschaute das praktische Ziel dieser Liebestätigkeit und ernannte den frommen Mann, um ihn unschädlich zu machen, zum Bischof der kleinen Landstadt Euaza. So hatte aber Bassianos nicht gerechnet; sein Ehrgeiz fand das Feld seiner Tätigkeit nur in der Metropolis. Er weigerte sich das Bistum anzunehmen und ließ sich von dem sehr gewalttätigen Metropoliten in keiner Weise terrorisieren.[2] Bald darauf starb Memnon. An seine Stelle kam Basileios, der nicht in Ephesos, sondern von Proklos in Konstantinopel geweiht ward. Unter der aegyptischen Partei, welche zugleich die Unabhängigkeit von Ephesos verfocht, erregte das furchtbare Erbitterung; noch 451 rief der Bischof Leontios von Magnesia: »Seit dem heiligen Timotheos bis heute haben 27 unseren Bischofsstuhl bestiegen; alle wurden in Ephesos geweiht.« Basileios galt als Verräter der ephesinischen Sache. Er mußte sich den Eintritt in die Stadt mit Gewalt unter Strömen von Blut erkämpfen. Ein solcher Bischof konnte kein energisches Regiment führen. Mit dem ebenso beliebten als intriganten Bassianos versöhnte er sich sofort und ließ ihn unbehelligt in Ephesos leben. 443 starb er, und da, erzählt Bassianos, hätten Klerus und Volk von Ephesos und die Bischöfe, unter denen Olympios von Theodosiupolis war, ihn gewaltsam inthronisiert. Den Tatsachen mehr entsprechend erscheint der Bericht der Gegner, wonach ein wüster Haufe von Leuten der unteren Volksklasse und Eranariern[3] von ihm selbst

[1] Für dies und das Folgende der aktenmäßige höchst interessante und charakteristische Bericht in der XI. Sitzung der Synode von Chalkedon. Mansi VII 272 ff.

[2] Daß ihn Memnon vor dem Altar drei Stunden lang geschlagen habe, so daß das Evangelium mit Blut übergossen wurde, beruht nur auf dem keineswegs einwandfreien Zeugnis des Bassianos selbst.

[3] ἐρανάριοι sind die durch die Liebesgaben der Kirche unterhaltenen und gelegentlich aktiv für sie eintretenden Proletarier.

heimlich aufgeboten wurde und ihn mit gezückten Schwertern und unter Androhung von Gewalt zur Kathedrale schleppte. Es war eine Wahl der städtischen Bevölkerung; die andere Partei, die Landbischöfe, waren nicht einverstanden. Mit Mühe konnte ein einziger, der schon erwähnte Olympios, bewogen werden, die Konsekration vorzunehmen, was dieser nur unter großen Bedenken tat; denn die Wahl war unkanonisch, da zur Bischofsweihe mindestens zwei oder drei Bischöfe erforderlich sind. Allein Proklos von Konstantinopel und Kaiser Theodosios bestätigten sie. So amtierte Bassianos vier Jahre. Indessen 347 ward er durch den neuen Patriarchen der Hauptstadt Flavian im Einverständnis mit Leo von Rom, Dioskoros von Alexandrien und Domnos von Antiochien abgesetzt, und eine Neubesetzung des Stuhles angeordnet. Diese ging nun vollkommen kanonisch vor sich. 40 Bischöfe der Eparchie versammelten sich und gaben ihre Stimme dem Stephanos; die hervorragendsten Kleriker und das Volk von Ephesos billigten die Wahl. Stephanos' Wahl war ein Sieg der Landpartei, welche unbedingt zu Aegypten hielt. Die bisherige Auseinandersetzung war notwendig, weil nur so uns verständlich wird, daß der Metropolit von Ephesos und ebenso sein offenbar eng mit ihm befreundeter und unter dem ephesinischen Klerus keine geringe Rolle spielende Suffragan, Eutropios von Pergamon, bei dem großen Entscheidungskampfe zwischen Neu-Rom und Alexandrien durchaus auf der Seite Aegyptens standen. Der Erzbischof und Papst von Alexandrien, der geniale aber gewalttätige Dioskoros wählte gewiß nicht ohne Absicht zum Kampfschauplatz mit seinem hauptstädtischen Rivalen das Terrain von Ephesos, das schon einmal sich für die aegyptische Sache so günstig erwiesen hatte. Die asiatischen Bischöfe sahen in dem Dogmenstreit einen Kampf der provinzialen kirchlichen Selbständigkeit gegen den Zentralismus der Hauptstadt, und diese Auffassung war keineswegs ganz unberechtigt. Es war vom asiatischen Provinzialstandpunkt aus auch ganz folgerichtig, daß ein Suffragan von Ephesos, Olympios von Euaza, auf dem zweiten Ephesinum 449 Dioskoros von Alexandrien als »allgemeinen Patriarchen« ausrief. Ein Oekumenikus am fernen Nilstrande gefährdete den asiatischen geistlichen Primat der Johannesstadt nicht im mindesten; im Gegenteil, er war ein nützlicher Verbündeter gegen den Residenzprälaten. Ganz folgerichtig haben darum Stephanos von Ephesos und eine starke Schar Asiaten — neben Eutropios von Pergamon treffen wir die Prälaten von Mastaura, Aegae, Adramyttion, Lebedos, Magnesia, Teos, Euaza, Tralles, Hypaepa usw. — im Jahre 449 auf dem zweiten oekumenischen Konzil von Ephesos, der sogenannten Räubersynode, vollständig auf Seiten des energischen Erzbischofs von Alexandria gestanden und gegen Alt- und Neu-Rom dessen Interesse kräftig vertreten. Bei der feierlichen Umfrage erklärte auch Eutropios von Pergamon, daß er sich nach Einsichtnahme des schriftlichen Glaubensbekenntnisses des Eutyches von dessen Rechtgläubigkeit überzeugt habe[1], er verdammte schaudernd die Irrlehrer: Flavian von Konstantinopel und Eusebios von Dorylaeon[2], und auch Papst Leo hatte sich in seinem Brief als Nestorianer gezeigt.[3] Dem obersten Interesse der frommen Griechen und Ostländer, an der Menschheit Christi die reale Vergottung der Menschennatur überhaupt anzuschauen, war auf dieser Synode siegreich zu seinem Rechte verholfen worden; nichts Neues, sagten sie, sondern was Athanasios in Nikaea und Kyrillos in Ephesos gelehrt hatten, das wurde noch einmal durch die Aegypter und Asiaten als allgemeiner Glaube der Kirche feierlich proklamiert.

Der apostolische Stuhl des Markus in Aegypten schien zum geistlichen Primat bestimmt, sein mächtiger Arm schirmte die Privilegien der Apostelgräber von Ephesos, und auf den Stuhl von Neu-Rom setzte Dioskoros eine seiner aegyptischen Kreaturen. Aber dieses ganze System stützte sich auf den schwachen Kaiser Theodosios und seinen allmächtigen Minister Chrysaphios. Mit des Kaisers Tod (28. Juni 450) übernahmen das Regiment die staatskluge, aber etwas scheinheilige Nonne Pulcheria und ihr Gemahl Markianos (450—457). Das war das Signal zu einer vollständigen Reaktion. Asiaten sind kein steifnackiges Geschlecht. Dieselben Männer, welche 449 in Ephesos dem Dioskoros zugejubelt hatten, unterschrieben 451 definierend

---

[1] Eutropius episcopus Pergamensis Asiae provinciae dixit: Reverendissimo presbytero et monacho Eutyche probato per libellos ab eo sanctae synodo porrectos credere recte secundum expositionem sanctorum patrum Nicaeni et Ephesini concilii et ego sanctorum patrum sententiae sanctae et magnae synodi quae secundum divinam iussionem in Ephesina metropoli collecta est, consentio, quatenus dignus habeatur fungi sacerdotio et praeesse monachis. Mansi VI 853.

[2] Eutropius episcopus Pergamensis dixit: Concors et ego factus sum sanctorum patrum sententiae in damnatione Flaviani et Eusebii. Mansi VI 921.

[3] Eine Anschauung, die vom dogmatischen Standpunkt der Orientalen aus betrachtet keine Übertreibung war; vergl. A. Harnack, Dogmengeschichte II S. 362 Nt. 1. Des Papstes Darlegung »nähert sich wirklich dem Nestorianismus«. Harnack, a. a. O. S. 361.

in Chalkedon seine Absetzung. Zu ihrer Ehre sei es gesagt, die Asiaten und Illyrier taten es widerwillig genug und nur jenem moralischen Zwange weichend, welchen die Regierungen in solchen Fällen anzuwenden lieben.[1] Es ist kein Zufall, daß von den Bischöfen der asiatischen Provinz in Chalkedon nur die kleinere Hälfte erschien, die größere, an ihrer Spitze Eutropios von Pergamon, sich fernhielt; und dieselben gaben erst nachträglich durch Vermittelung ihres Metropoliten ihre Genehmigung zu den ihr Gewissen bedrängenden Beschlüssen, die sie doch nicht ändern konnten.[2]

Für Asien war Chalkedon insofern von schwerwiegender Bedeutung, als Stephanos von Ephesos nach eingehenden Verhandlungen in der elften Sitzung abgesetzt ward. Man wollte den Freund des Dioskoros treffen. Hätten die rachsüchtigen Prälaten allein die Entscheidung in Händen ge-

---

[1] Unsere Akten von Chalkedon sind im Regierungsauftrage niedergeschrieben; ihre historische Zuverlässigkeit ist also genau so groß, als das bei wichtigen offiziellen Publikationen stets der Fall zu sein pflegt, die für die Regierung im apologetischen Interesse einzutreten haben. Indessen auch aus dieser »gereinigten« Ausgabe liest man deutlich heraus, daß die Majorität von Leos Brief und den Vorschlägen der Regierung nichts wissen wollte, und nur durch Drohung, Zwang und Überrumpelung endlich mürbe gemacht werden konnte.

[2] Daß hier kein Zufall waltet, zeigt die große Zahl der absentierenden Prälaten aus der asiatischen Dioezese. Pulcheria und Markian hatten alles getan, um der Synode durch zahlreichen Zuzug der Prälaten einen möglichst oekumenischen Charakter zu geben. Trotzdem fehlen gerade aus den nächstliegenden asiatischen Provinzen, die kein Feind bedrohte, wie die der Haemoshalbinsel: aus Hellespontos sechs, aus Phrygia Pacatiana dreizehn, aus Phrygia Salutaris sieben, aus Lykaonien neun, aus Pisidien elf und aus Asien gar einundzwanzig Bischöfe. Von den Asiaten waren anwesend die Bischöfe von Smyrna, Klazomenae, Aegae, Aninata, Magnesia am Maeandros, Phokaea, Argizon, Auliu Kome, Theodosiupolis, Nea Aule, Briula, Metropolis, Elaea, einem zweiten Theodosiupolis, Hypaepa, Pitane, Myrine und Palaeapolis. Es fehlten Pergamon, Adramyttion, Assos, Antandros, Myke, Magnesia, Temnos, Erythrae, Teos, Lebedos, Kolophon, Anaea, Priene, Mastaura, Dioshieron, Arkadiupolis, Auliu Kome (Irrtum, denn 152 unterschreibt er), Ilion, Baretta, Asaea, Menaule (Mansi VII 168). Es ist auffällig, daß Stephanos sich zu dem zweifelhaften Dienst, für diese erpreßten Stimmen die Unterschrift zu liefern, nicht hergeben will; er läßt den Bischof Hesperios von Pitane unterschreiben. Man darf diese, wohl meist gegen ihre Überzeugung nachträglich zustimmenden Prälaten, wie Eutropios von Pergamon, nicht zu hart verurteilen. Zum Märtyrer ist nicht jeder geschaffen. Viele der Landbischöfe mögen damals noch verheiratet gewesen sein. Für diese war es eine Brot- und Existenzfrage. Sehr bemerkenswert ist, daß unter den anwesenden Suffraganen Smyrna, unter den abwesenden Pergamon an erster Stelle unterzeichnen. Die beiden nach Ephesos bedeutendsten Städte haben auch in der Rangordnung der Bischöfe, wo alles streng nach dem Herkommen herging, ihren Platz eingenommen als δευτέρα τῆς Ἀσίας und τρίτη τῆς Ἀσίας.

habt, wäre nun zweifellos Bassianos restituiert worden; allein bei dem Informationsprozesse kamen über seine Wahl so skandalöse Dinge zum Vorschein, daß »die erlauchtesten Kommissare«[1] entschieden, beide sollten abgesetzt werden, und als Pension und Tröstung[2] jährlich je 200 Solidi empfangen; an ihre Stelle sollte ein dritter gewählt werden, und so geschah es. 451 ward Johannes als Erzbischof eingesetzt; wie sich in Ephesos von selbst versteht, geschahen bei seinem Antritte »viele Morde«; denn Johannes »hatte die Gerechtsame und Ehren des dortigen Stuhles verraten, da er nach dem Primate strebte, er, den man in Ephesos bis heute den Verräter nennt, und dessen Namen man aus dem Buche des Lebens ausgelöscht hat«.[3] Zacharias von Mitylene gibt mit diesen Worten sehr gut die Stimmung wieder, welche die eifrigen Mitglieder der aegyptischen Partei des asiatischen Landklerus, so gerade Eutropios von Pergamon, erfüllte. Wir erfahren nichts mehr von diesem. Jedenfalls hat er sich tief verbittert zurückgezogen und seine Stimmung teilte die Bevölkerung seiner Stadt, wie die Geschichte der Folgezeit lehrt.

Es gab aber auch sehr kluge Leute unter den damaligen asiatischen Prälaten. Zu ihnen gehörte Eutropios' Rivale, Aetherichos von Smyrna. Er hatte — allerdings mit zweimaligem vollständigem Gesinnungswechsel — es verstanden, dreimal jeweilen diejenige Theologie als ewige Wahrheit zu bekennen, welche gerade dem kaiserlichen Hofe genehm war. Die Belohnung blieb nicht aus. Nach der Entscheidung von Chalkedon erinnerte man sich in der Residenz an den Umstand, daß Smyrna eine der sieben Urkirchen gewesen, daß seine drei ersten Bischöfe Johannes der Theologe selbst geweiht hatte und daß Polykarpos als heiliger Blutzeuge von der gesamten Kirche hoch in Ehren gehalten werde. So wurde denn nach 451 und sicher vor 457 Smyrna von der ephesinischen Metropolitangewalt eximiert und zum autokephalen Erzbistum erhoben. Eine gleichzeitige Inschrift nennt Aetherichos »unsren Erzbischof«.[4]

[1] ἐνδοξότατοι ἄρχοντες.

[2] τροφῆς ἕνεκα καὶ παραμυθίας.

[3] Zacharias Rhetor, übersetzt und erklärt von K. Ahrens und G. Krüger, S. 27. Grundfalsch ist es aber, wenn Zacharias a. a. O. behauptet, Bassianos habe abgedankt und sei entflohen, um nicht das in Chalkedon Beschlossene zu unterschreiben.

[4] C. I. G. 8618. Κ(ύρι)ε μνήσθητι τοῦ δούλου σου Αἰθερίχου τοῦ ἀρχιεπισκόπου ἡμῶ(ν). Der Herausgeber nimmt Anstoß an dem Titel ἀρχιεπίσκοπος, weil Smyrna erst im 10. (vielmehr im 9.) Jahrhundert Titel und Rechte einer Metropolis empfangen habe. Das ist richtig.

Ähnliche Ehre wäre Pergamon zweifellos zuteil geworden, wenn es mit gleichem Eifer wie Smyrna für den wahren Glauben gestritten hätte. Allein wir haben bereits gesehen, daß Eutropios von Pergamon, solange es irgend anging, bei der aegyptischen Sache ausgehalten hatte. So hatte er den günstigen Moment für die Rangerhöhung seines Bischofthrones verpaßt. Aber seit dem Ausscheiden von Smyrna aus der Metropolitandioezese war nun Pergamon unbestritten der Protothronos[1] der asiatischen Eparchie.

V. Die monophysitische Revolution, die letzte Erhebung des asiatischen Provinzialbewußtseins.

Es folgten sehr stürmische Zeiten für die Städte der asiatischen Provinz.

Die Beschlüsse von Chalkedon, weit entfernt, die Ruhe herzustellen, vermehrten die Kluft und gegenseitige Abneigung zwischen den Anhängern der Staatskirche und den Abgetrennten. Da Markians starke Hand keine Gewalttätigkeiten zuließ, erfand die gegenseitige Streitberedsamkeit eine Fülle kräftiger und abenteuerlicher Schimpfwörter. Die Orthodoxen nannten die Separierten Manichäer, weil sie wie diese durch ihre vollständige Vergottung Christi diesen zu einem Scheinmenschen machten, jene die Anhänger der Staatskirche Juden, weil sie, wie das Hebraeervolk, in dem Gekreuzigten nur einen Menschen sahen.[2] Allein allmählich erhitzten sich die Leidenschaften, und beim Regierungswechsel kam es zur Revolution.

Aber ἀρχιεπίσκοπος oder αὐτοκέφαλος ist nach dem älteren griechischen Kirchenrechte eine von dem Metropoliten verschiedene Rangstufe und entspricht dem Episcopus Apostolicae Sedi immediate subiectus der Römer, wie Breslau, Ermeland usw. Daß 457 Kaiser Leon von Aetherichos ein Separatgutachten abfordert, ist ein vollgültiger Beweis für die vor dieser Zeit vollzogene Ablösung von Ephesos.

[1] Ausdrücklich wird das allerdings nicht gemeldet, läßt sich aber mit Sicherheit aus zahlreichen analogen Fällen erschließen. So war Kaisareia Protothronos von Konstantinopel, Tyros von Antiochien, Kastoria von Achrida und ganz Bulgarien, Tamasos von Konstantia auf Kypros, Siunikh von Großarmenien usw. Protothronos war kein leerer Titel. Der Inhaber eines solchen Stuhles hatte auf den Provinzialsynoden den ersten Platz nach dem Metropoliten und bei den Abstimmungen das Votum principium.

[2] Die Belege in dem Briefwechsel zwischen Justin und dem jüdischen König der Ḥimjariten. Chronique de Michel le grand par Langlois 1868, S. 184 ff. und in den Akten der Menassynode von 536.

Das Übel nahm von Aegypten seinen Ausgang. »Die Aegypter erhoben sich gegen die heilige Synode und erfüllten den Erdkreis mit Verwirrung, indem sie gottlos und verlogen erklärten, daß die Synode den Kyrillos verworfen und den Nestorios angenommen habe.«[1] In Alexandrien wurde der orthodoxe Erzbischof Proterios am Osterfeste 458 in der Taufkapelle ermordet und an seine Stelle ein ehrgeiziger und fanatischer Anhänger des Dioskoros, der Mönch Timotheos Eluros, geweiht. Das war eine offene Absage an die Regierung, welche doch die Bürgschaft für die Aufrechthaltung der chalkedonischen Beschlüsse übernommen hatte. Allein der neue Kaiser Leon I. (457—474) konnte und durfte nicht zurückweichen. Das geistliche Reichsparlament mit seinen so wenig gefügigen Prälaten wieder einzuberufen, mochte aus begreiflichen Gründen untunlich erscheinen. Dafür organisierte die Zentralregierung — der Fall ist einzig in der oströmischen Kirche — ein geistliches Referendum. Der Kaiser schickte einen Zirkularbrief an die Metropoliten sämtlicher Provinzen, welche nach Beratung mit ihren Suffraganen ein theologisches Gutachten über das Konzil von Chalkedon und die Vorgänge in Alexandrien abgeben sollten. Von den eingegangenen Antworten ist nur etwa die Hälfte erhalten. Es fehlen gerade die Briefe des Johannes von Ephesos und des Aetherichos von Smyrna, die für uns allein von Interesse wären. Bei all der großen, in Byzanz üblichen Devotion gegenüber der kaiserlichen Majestät, welche diese Briefe in höchstem Maße bekunden, scheinen dieselben doch nicht durchweg befriedigt zu haben; gerade die Kleinasiaten, so die Synoden von Armenia I und II und vor allem die von Pamphylia I und II, zeigten eine merkwürdige Unabhängigkeit der Gesinnung und sagten, wenn auch in bescheidenster Form, gerade das, was man in der Residenz nicht hören wollte.[2] Der Brief der asiatischen Synode wird schwerlich viel entgegenkommender gewesen sein, und vielleicht ist er nicht nur zufällig in unserer Sammlung nicht vorhanden.

---

[1] Photios Bibl. 283, a 26 Bekker.

[2] Der noch erhaltene Brief der Synode von Perge zeigt ein offen monophysitisches Glaubensbekenntnis (Mansi VII 574) und nach Zacharias Rhetor hat Amphilochios von Side dem Kaiser über die Synode dermaßen »mit Freimut und wahrheitsgemäß« berichtet, daß er beinahe abgesetzt ward (Zacharias Rhetor, a. a. O. S. 31, 32). Daraus kann man auf den Inhalt des Briefes der asiatischen Synode schließen.

So hatte sich Asiens und seiner Städte Ephesos und Pergamon immer mehr eine oppositionelle Stimmung bemächtigt, die bald genug zum Ausbruch kommen sollte. Leons Nachfolger Zenon hatte sich durch die Mißwirtschaft seiner von ihm stark bevorzugten Landsleute, der Isaurier, im höchsten Grade mißliebig gemacht. Er mußte bereits 475 dem von seiner Schwiegermutter, der ehrgeizigen Kaiserin-Witwe Verina und ihrem Bruder Basiliskos in Szene gesetzten Pronunziamento weichen. Der neue Kaiser versuchte es recht geschickt mit den seit 24 Jahren unterdrückten, aber noch immer sehr zahlreichen Monophysiten. Er rief ihren Konfessor Timotheos von Alexandrien aus seinem Exil in Cherson zurück und erließ auf dessen Betrieb eine Enzyklika[1], welche »die Einigung der christlichen Herde als eine unlösbare und unerschütterliche Mauer unsres Regiments ansah«, und deshalb neben den drei alten Synoden auch die zweite ephesinische anerkannte, dagegen Chalkedon verdammte. Nirgends erregte dieser Umschwung jubelnderen Widerhall als in Asien. Hier hatte nach dem Tode des verhaßten, durch die Synode von Chalkedon den Asiaten aufgedrungenen Metropoliten Johannes die Bischofssynode ihre altüberlieferten Rechte geltend gemacht und ohne Anfrage in der Hauptstadt Paulos auf den Thron des Johannes erhoben. Allein die kaiserliche Regierung kassierte den Wahlakt und schickte Paulos ins Exil. Eine der ersten Regierungshandlungen des Basiliskos war, daß er diesen, wie die andern verbannten Bischöfe, zurückrief. Unter Paulos' Vorsitz traten die Bischöfe der Dioezese Asia zur Synode zusammen.[2] Die alten Führer der aegyptischen Partei Pergamios von Antiochien in Pisidien, Gennadios von Teos, Zenodotos von Telmessos, Zotikos von Anaea, Gennadios von Mosyna und Theophilos von Arianos standen an der Spitze. Merkwürdigerweise fehlt Eutropios von Pergamon. Man kann aus diesem Umstande mit Sicherheit schließen, daß er bereits verstorben war. Die gesamte Synode bekannte sich durch Namensunterschrift zu dem von der Enzyklika prokla-

---

[1] Zacharias Rhetor S. 60 ff. Euagr. III 4.

[2] Vgl. Zacharias Rhetor, a. a. O. S. 62 ff. Daß es eine Synode nicht der Eparchie, sondern der Dioezese Asia war, zeigt die Anwesenheit des pisidischen Metropoliten und andrer angesehener Prälaten von Bischofsitzen, die nicht zur Eparchie, sondern zu Asien im weiteren Sinne gehörten. Ephesos machte also wieder seine Patriarchalrechte auf die ganze asiatische Dioezese geltend. Gerade dadurch mußte es sich aber die Todfeindschaft des Hofpatriarchen zuziehen.

mierten Glauben und richtete eine Bittschrift (δέησις)[1] an Basiliskos, worin sie der kaiserlichen Majestät und der ganzen Welt erklärte, »daß wir in Freiheit und in freiwilliger Übereinstimmung und mit Hülfe unsres Führers, des Evangelisten Johannes diese Enzyklika unterzeichnet haben und ihr und allem darin Enthaltenen beistimmen nicht aus Zwang oder Furcht oder um den Menschen zu gefallen«. »Sie schrieben aber auch noch anderes und stießen auch Ausrufe (φωνάς) aus und lobpriesen.« Es ist sehr zu bedauern, daß der hauptsächlich von dogmatischen Interessen erfüllte Geschichtschreiber dieses »andere«, was für uns die Hauptsache wäre, nicht einmal andeutet. Indessen was die Bischöfe wollen, zeigen sie klar genug durch die Erwähnung des Evangelisten Johannes. Die δέησις bezweckte vor allem eine Herstellung der Rechte und Privilegien der Kirche von Ephesos. Diesen sehr realen Kern schälten die verständigen Asiaten aus den Hüllen der Glaubensstreitigkeiten heraus.

Die Vorstellung der Asiaten fand in Konstantinopel geneigtes Gehör. Timotheos von Alexandrien, welcher für die kurze Spanne Zeit von Basiliskos' Herrschaft wieder, wie einst Dioskoros, die Gewalt eines oekumenischen Patriarchen ausübte, machte auf der Rückreise nach Alexandria in Ephesos Halt.[2] Man kann sich denken, mit welch unermeßlichem Jubel ihn die

---

[1] Man beachte die merkwürdige Analogie zwischen dem Geschäftsgang der Synode und dem des Commune provinciae. Dieses pflegt in erster Linie den Kaiserkult; aber zu seinen Kompetenzen gehört auch, Beschwerden an den Kaiser abzusenden. Hier gibt die Synode erst ihrer Freude Ausdruck, daß ihr das Licht des Glaubens aufgegangen und die Finsternis von ihr weggezogen sei; die Hauptsache ist aber doch die an den Kaiser gerichtete Bittschrift. Ein Unterschied besteht allerdings. Jene Asiarchen und Oberpriester der Inschriften sind für uns nur wesenlose Schemen und pomphafte Figuranten; diese Hierarchen dagegen sind Menschen von Fleisch und Blut, echte Hellenen in ihrer geistvollen Lebendigkeit wie in ihren zahlreichen Unarten.

[2] Zacharias Rhetor, a. a. O. S. 65: Als er (Timotheos) auf der Reise nach Ephesos gelangte, versammelte er eine Synode und setzte den Paulos ein, der dort Bischof (gewesen), aber gegenwärtig vertrieben war, weil er die (Beschlüsse) von Chalkedon nicht anerkannte. Und er gab ihm in kanonischer Weise die Gerechtsame seines Stuhles zurück, welche die Versammlung von Chalkedon ihm geraubt und aus Schmeichelei dem Thronos der Residenz gegeben hatte. Euagrios III 6: Ὁ αὐτός (sc. Ζαχαρίας) φησι. τὸν Τιμόθεον ἐξορμήσαντα τῆς βασιλίδος τὴν Ἐφεσίων καταλαβεῖν, ἐνθρονίσαι τε τὸν Παῦλον ἀρχιερέα τῇ Ἐφεσίων· ὃς ἤδη κεχειροτόνητο μὲν ἀνὰ τὴν ἀρχαιοτέραν συνήθειαν ὑπὸ τῶν τῆς ἐπαρχίας ἐπισκόπων, ἐκπεπτώκει δὲ τοῦ θρόνου· ἀποδίδωσι δὲ τῇ Ἐφεσίων καὶ τὸ πατριαρχικὸν δίκαιον ὅπερ αὐτὴν ἀφεῖλεν ἡ ἐν Χαλκηδόνι σύνοδος. Euagrios schöpft aus Zacharias, gibt aber, wie die gesperrten Worte zeigen, einen vollständigeren Text als die syrische Bearbeitung.

Bürgerschaft von Ephesos empfing. Er berief sofort eine Synode der Provinzialbischöfe und setzte Paulos, d. h. den standhaften Verfechter der landschaftlichen Privilegien, für die er Verbannung erlitten, feierlichst aufs neue als Metropoliten von Ephesos ein und gab dem Stuhle von Ephesos seine verlorenen Primatialrechte wieder zurück. Ein Landbischof von Asia hatte einst in Ephesos den Nachfolger des heiligen Markus zuerst als oekumenischen Patriarchen proklamiert. Wiederum in Ephesos erneuerte der jetzige Inhaber des alexandrinischen Thrones den alten Glanz der Kirche des heiligen Johannes des Theologen. Das Bündnis zwischen Aegypten und Asien gegen Konstantinopel schien sich aufs beste zu bewähren.[1]

Die Rechnung hatte einen Fehler. Basiliskos, Timotheos und ihr Anhang hatten den Patriarchen der Hauptstadt, den hochbedeutenden Akakios, unterschätzt. Dieser, durch die seinen Stuhl schwer schädigenden Maßnahmen aufs tiefste beleidigt, rief das Volk der Hauptstadt zu Hülfe, um den gefährdeten Glauben zu retten. Bereits 477 wurde Basiliskos gestürzt und Zenon wieder eingesetzt. Eine selbstverständliche Folge der Reaktion war, daß Asien seine Privilegien aufs neue verlor und auf ewige Zeiten der Gewalt des hauptstädtischen Prälaten untergeordnet ward. Immerhin hatte dieser letzte Kampf für provinziale Selbständigkeit und für den altgriechischen Polisgedanken gegenüber der Omnipotenz des zentralisierten Großstaates seine Berechtigung und erweckt unser Interesse, zumal der Inhaber des pergamenischen Thrones dabei keine geringfügige Rolle spielt. Die alten provinzialen Selbständigkeitsbestrebungen hatten sich in die Kirche als ihr letztes Asyl geflüchtet. Auch hier erlagen sie einer feindseligen Zeitströmung.

---

[1] Daß es sich hierbei nur sehr in zweiter Linie um Glaubenssätze, in der Hauptsache aber um Machtfragen handelte, beweist das Benehmen des sehr klugen hauptstädtischen Patriarchen Akakios. Wie Zacharias Rhetor beweist, war er zuerst sehr geneigt, mit Timotheos Eluros einen Modus vivendi einzugehen. Er zeigte sich »orthodoxer« Belehrung zugänglich. Der Mönch Paulos bewies ihm, daß die Nestorianer (d. h. Papst Leo und die Anhänger Chalkedons) gerade so arge Ketzer als die Eutychianer seien. Akakios hörte das anfangs mit Staunen, und war eben im Begriff, in der Lehre des Dioskoros und des Timotheos die wahre goldene Mitte der Orthodoxie zu erkennen, als ihm Timotheos den Streich mit Ephesos spielte und die Patriarchalrechte der Hauptstadt auf die asiatische Dioezese antastete. Da erst kam es zum Bruch. Plötzlich besann sich Akakios wieder auf seine Orthodoxie, holte den heiligen Daniel von seiner Säule herunter und ließ seine geistliche Leibgarde vorgehen. Der Pöbel von Konstantinopel begeisterte sich nun für die Beschlüsse von Chalkedon, weil er instinktmäßig fühlte, daß auf ihnen der Primat der Reichshauptstadt beruhte, welchen Rom und Alexandria gleichmäßig bekämpften.

VI. Pergamon unter Zenon und Anastasios.

Auch Zenons zweite Regierungsperiode (477—491) war eine äußerst unruhige Zeit. Schon sieben Jahre später kam es zu einem neuen Pronunziamento. Die ränkesüchtige Kaiserin-Mutter Verina und der schon bei Basiliskos' Usurpation mit ihr verbundene Magister Officiorum Illos erhoben den Strategen von Thrake Leontios, einen hochgebildeten Mann, 484 in Tarsos zum Kaiser. Wie wenig diesen Menschen die damaligen Glaubensstreitigkeiten bedeuteten, beweist der Umstand, daß dieselben Ehrgeizigen, welche 477 den reinen Monophysitismus als Parole ausgegeben hatten, jetzt für das durch Zenons und Akakios' Vermittelungspolitik gefährdete Glaubensbekenntnis von Chalkedon zu kämpfen vorgaben. Zu Illos' Vertrauten gehörte der Sophist Pamprepios aus Aegypten, ein Schüler des Proklos und Professor der Grammatik in Athen. Von dort wandte er sich nach Byzanz und gewann durch seine Gewandtheit und glänzende Beredsamkeit die volle Gunst des den Gelehrten und Philosophen sehr geneigten Magister Officiorum. Durch ihn erhielt er eine öffentliche Professur an der Universität der Reichshauptstadt und außerdem Zuwendungen aus des Feldmarschalls Privatmitteln. Als Illos, bereits seine Erhebung planend, nach Isaurien gezogen war, geriet Pamprepios in die furchtbarste Gefahr der damaligen Epoche, in die eines Glaubens- und Hochverratsprozesses. Er hatte in der strengchristlichen Stadt seine heidnischen Überzeugungen stets ohne Scheu bekannt. Er wurde nun bei der Regierung angeklagt, Zauberei getrieben und dem Illos ein Kaiserorakel gestellt zu haben. Pamprepios wurde aus der Hauptstadt verwiesen, und er wandte sich nach Pergamon.[1] In Pergamon wehte Oppositionsluft. Spuren des Heidentums erhielten sich hier, wie wir sehen werden, überaus zäh, und auch das Christentum von Klerus und Bürgerschaft war nicht das am Hofe offiziell genehme. Hier mochte sich Pamprepios verhältnismäßig sicher fühlen. Illos ließ ihn übrigens bald nach Isaurien kommen; er wurde sein vertrauter Rat und die Seele der Konspiration. Für die Pergamener ist dieses Vertrauen, das ihnen die Verschwörer entgegenbrachten, charakteristisch.

---

[1] οἱ βασκαίνοντες αὐτῷ συνθέντες διαβολήν, τήν τε ἐκ τῆς θρησκείας καὶ ὅτι μαγγανεύοι καὶ μαντεύοιτο τῷ Ἴλλῳ κατὰ τοῦ βασιλέως, πείθουσι τὸν Ζήνωνα καὶ τὴν Βηρῖναν, τότε μέγιστα δυναμένην, τῆς πόλεως ἐκπέμψαι. καὶ ὁ μὲν ἐς Πέργαμον ἔρχεται τῆς Μυσίας. Suidas s. v. Παμπρέπιος = Niebuhr: fragmenta e Malchi historia p. 271. F. H. G. IV, 132.

Für die Folgezeit gedenkt nur die Kirchengeschichte Pergamons. Das Werk des geistvollen Akakios, das sogenannte Henotikon Zenons (482), hat mächtig dazu beigetragen, den kirchlichen Frieden herzustellen, besonders als auf Zenon der treffliche Anastasios (491—518) folgte, für den die Lehre des Kyrillos und des Dioskoros Herzensüberzeugung war. Man hatte auf diesem Wege das Konzil von Chalkedon stillschweigend, aber sehr geschickt eskamotiert. Die Bevölkerung von Asien, Lydien, Karien, Lykien und Pamphylien, die in ihrer weit überwiegenden Mehrheit an dem altgriechischen Ausdruck der Frömmigkeit, der monophysitischen Lehre, festhielt, konnte jetzt erleichtert aufatmen.

VII. Der Umschwung unter Justin. Der Monophysitismus konstituiert sich als Sonderkirche.

Mit der Thronbesteigung Justins (518—527), zu dessen politischem Programm die Versöhnung mit Rom gehörte, trat ein Umschwung ein. 519 wurden sämtliche Prälaten, welche die Beschlüsse von Chalkedon nicht annahmen, abgesetzt. Der gleichzeitige syrische Geschichtsschreiber Johannes von Ephesos zählt vierundfünfzig »Namen der heiligen Bischöfe auf, welche verfolgt wurden und ihre Sitze verließen«.[1] Achtzehn von ihnen gehören Asien, Karien und den benachbahrten Eparchien an. Der Bischof von Pergamon ist nicht in dieser Liste; er wird sich demnach »löblich unterworfen haben«. Indessen in allen diesen Landschaften hatte die unterdrückte und vom Staate verfolgte Religionspartei sehr zahlreiche Anhänger. Justinian (527—565), der die Politik seines Oheims einst geleitet hatte und jetzt fortsetzte, hat trotzdem bei den gemäßigten Monophysiten in verhältnismäßiger Gunst gestanden; das verdankt er in erster Linie Theodora »der gottseligen Augusta«, seiner politisch geradezu bedeutend veranlagten Gattin, welche viele Fehler ihres ebenso selbstbewußten als beschränkten Gatten wieder gutgemacht hat. In der Kirchenpolitik gehörte der Schutz der Monophysiten zu ihrem Programm. Zahlreiche

[1] Feestbundel aan Prof. M. J. de Goeje op den 6den October 1891, aangeboden door eenige oud-leerlingen. Leiden 1891. S. 66—68. Der asiatischen Diözese gehören Euphemios von Aphrodisias, Menophanes von Antiochia am Maeandros, Zeuxis von Alabanda, Petros von Alinda, Julian von Halikarnassos, Theosebios von Ephesos, Petros von Humanades u. a. an.

Bischöfe, Mönche und Nonnen, ja ganze Klosterkonvente verdankten die Möglichkeit ihrer Existenz nur der Kaiserin.

Neben der offiziellen Staatskirche, deren Bischöfe der Kaiser und sein Patriarch ernannten, existierte noch eine geheime, von der Kaiserin patronisierte Volkskirche.

Daß dieselbe in den asiatischen Provinzen einen vorzüglich vorbereiteten Boden vorfand, steht fest. Die kleinasiatische Bevölkerung ist seit alten Zeiten religiös sehr angeregt gewesen; sie war vielleicht die frömmste des ganzen Reiches. Gerade darum konnte der kaiserlich approbierte Glaube der offiziellen Staatskirche die Gemüter wenig befriedigen. Nirgends waren die Sekten, die kleinen Gemeinden der Stillen im Lande, zahlreicher als in Kleinasien. Es ist in religiöser Beziehung das Kleinrußland des byzantinischen Reichs.[1] Im lydischen Philadelpheia treffen wir noch Mitte des 5. Jahrhunderts Quartodezimaner und Novatianer, Leute, deren ganze Ketzerei darin bestand, an einem altüberlieferten Festritus hartnäckig festzuhalten und sich als ecclesiola in ecclesia von der »argen Welt« pietistisch abzuschließen. Einfache Leute, die zum Teil nicht schreiben können, Handwerker (Goldschmiede) und Bauern unter Leitung von ein paar ungebildeten Landpastoren (chorepiscopi) bilden diesen frommen Kreis.[2] In Phrygien finden wir noch bis ins 8. Jahrhundert die uralte, von christlichen Widerkunftsgedanken und heidnischem Kybeleenthusiasmus gleichmäßig befruchtete Sekte der Montanisten. Vergebens hatte unter Justinian Johannes von Ephesos, der Heiden- und Ketzerkommissar, die Gebeine des Montanus und seiner Prophetinnen aus ihren Gräbern reißen und mit Feuer verbrennen lassen.[3] Die Sekte blühte ungestört weiter. Erst Kaiser Leon III. (717—740), gleichfalls ein syrischer Fanatiker, befahl sie zwangsweise umzutaufen. »Da schickten sie sich gegenseitig Orakel zu, betraten die ihrem Wahne geweihten Kapellen und verbrannten sich selbst.«[4] Ein Zentrum altertümlichen, von der allgemeinen Kirche abgetrennten Christentums war Kotya-

[1] Die Verhältnisse waren ähnlich wie in Rußland, wo die reinste und erhabenste Form slawischer Volksfrömmigkeit ihren Ausdruck im Raskol und den zahllosen unter den Bauern der Steppe und Sibiriens verbreiteten Sekten findet.

[2] Man vergleiche die interessanten Aktenauszüge aus den lateinischen Akten von Chalkedon bei Mansi VII 695—701.

[3] Assemani, Bibl. orient. II, 89. Nach Feestbundel S. 71 fällt dieses Ereignis in 550/51.

[4] Theophanes z. J. 6214 (721/22) S. 401, 25—27 de Boor.

eion in Phrygia Salutaris (h. Kjutahija). Die Einwohner hatten vier ihrer Bischöfe totgeschlagen[1] und den ehemaligen Praefectus urbi Kyros, welchen die Zentralregierung darauf hinsandte, rettete vor einer Ermordung durch den fromm wütenden Pöbel am heiligen Weihnachtsfeste nur seine Geistesgegenwart und seine imponierende Persönlichkeit. Sehr gut bemerkt Ramsay:[2] »Kotiaion and Amorion must have been the chief centres of heresy in Phrygia ... I should attribute their elevation to the rank of metropolis to the period of the Iconoclast emperors. The earlier orthodox emperors did not recognise their claim to be independent church centres, a claim which was chiefly founded on their importance as centres of the proscribed native forms of Christianity; but the same qualification recommended them to the Iconoclast emperors.«

Ein besonders religiöses und darum der Staatskirche hochgradig entfremdetes Land war Pamphylien, dessen Bevölkerung einen tiefen mystischen Zug besaß und deshalb scharenweise sich zu den »Betern« (Euchiten, Massalianern) hielt; diese frommen Kreise, von Mönchen oder oft ziemlich ungelehrten Laien geleitet[3], legten alles Gewicht auf das Gebet und den innern Verkehr mit Gott und achteten die äußeren Formen der Kirchlichkeit gering; freilich verfielen sie dabei auch in bedenkliche Antinomien. Die orthodoxe Kirche bekehrte, wie heute ihre russische Tochter, vielfach durch Peitsche und Gefängnis.[4]

Das war der Nährboden, auf welchem der Monophysitismus, der von der Kaiserin protegierte alte Volksglaube, üppig gedeihen konnte; er war den Kleinasiaten schon darum sympathisch, weil er im Gegensatz zur Regierung und Staatsorthodoxie stand, die ihn haßten und verfolgten. Über

---

[1] Malalas 362, 3ff. καὶ κατεσκευάσθη λοιπὸν καὶ ἐπλάκη ὡς Ἕλλην ὁ αὐτὸς Κῦρος καὶ ἐδημεύθη παυθεὶς τῆς ἀρχῆς· καὶ προσφυγὼν ἐγένετο καὶ αὐτὸς παπᾶς, καὶ ἐπέμφθη εἰς τὴν Φρυγίαν, ἐπίσκοπος γενάμενος εἰς τὸ λεγόμενον Κοτυάειον· ἦσαν γὰρ οἱ αὐτοὶ Κοτυαεῖς πολῖται φονεύσαντες ἐπισκόπους τέσσαρας.

[2] Asia Minor S. 436 vergl. auch Note: The disagreement between the people of Kotiaion and the government is shown by their murder of four succesive bishops sent from Constantinople. ... The people probably claimed the right to appoint a bishop for themselves.

[3] Ἀδέλφιός τις οὔτε μοναστῶν οὔτε ἱερέων ἐγκατειλεγμένος κλήρῳ, ἀλλ' ἐν λαϊκοῖς ἐξεταζόμενος· Photios Bibl. 12, *b* 23. Beiläufig schreibt Photios, a. a. O. 9: Ἀμφιλόχιος ὁ τοῦ Ἰκονίου irrtümlich für ὁ τῆς Σίδης.

[4] Auch das rasche Wachstum der Paulikianer im östlichen Kleinasien während des 8. und 9. Jahrhunderts erklärt sich aus dieser weitverbreiteten Abneigung gegen die Staatskirche.

seine starke Ausbreitung in den asiatischen Provinzen haben wir einen sehr wertvollen zeitgenössischen Gewährsmann, den bei Justinian in hoher Gunst stehenden syrischen Geschichtschreiber Johannes, der selbst als Bischof von Ephesos, aber in der Hauptstadt residierend, durch lange Jahre diese religiöse Bewegung leitete und organisierte.

Wie verbreitet der Monophysitismus in allen asiatischen Provinzen war, erfahren wir aus den Ordinationsreisen des Erzbischofs von Edessa Ja'ḳob Burd'ānā (oder Burd'ājā):[1] »Der selige Ja'ḳob[2], ausgerüstet mit Gottesfurcht und begabt mit Tugendeifer, durchwanderte nicht allein alle Gaue Syriens, Armeniens und Kappadoziens — dort nämlich blüht und gedeiht mächtig die Orthodoxie[3], nicht minder als in Syrien —, sondern auch die Gaue Kilikiens, ganz Isauriens, Pamphyliens, Lykaoniens, Lykiens, Phrygiens, Kariens[4] und Asiens, und die Inseln des Meeres, Kypros, Rhodos, Chios und Mitylene bis zur Kaiserstadt Konstantinopel.«[5] Besonders zahlreich waren »die Orthodoxen« in der Provinz Pamphylien.[6]

»Die Provinz Pamphylia zählte anfänglich zu den Orthodoxen, und es gab viele ansehnliche Städte mit Kirchen sowie viele Männer- und Frauenklöster in ihr. Zur Zeit nun der Spaltung der sogenannten Akephaler sagten sich viele von ihnen los und gingen hinaus in die Provinz. Aber durch den Eifer und die Sorgfalt der dortigen Rechtgläubigen ließen sie sich sämt-

---

[1] = ὁ ῥακενδύτης der Mann im zerlumpten Gewand. In dem üblichen Kostüm des geistlichen Bettlerproletariats war der Erzbischof vor den Späheraugen der kaiserlichen Polizei gesichert.

[2] Ioannis episcopi Ephesi commentarii de beatis orientalibus latine verterunt W. J. van Douwen et J. P. N. Land. Amsterdam 1889. S. 163. Vergl. auch für die Ausbreitung der Tritheiten die Kirchengeschichte des Johannes von Ephesos V 2, 3, 6, 7.

[3] D. h. natürlich der Monophysitismus.

[4] Über die blühenden und zahlreichen monophysitischen Gemeinden in Karien (Aphrodisias, Alabanda, Antiocheia) vergl. Joann. Eph., a. a. O. S. 145 und 164, ebenso in Bithynien (Chalkedon, Nikomedeia, Prusias, Herakleia) und Hellespontos (Kyzikos) S. 154.

[5] Die starke Verbreitung des Monophysitismus in ganz oder großenteils griechischen Landschaften gibt zu denken, weil man gewöhnlich diese Lehre als Ausdruck des Nationalbewußtseins der ungriechischen Bevölkerung, der Syrer, Aegypter und Armenier, faßt. Indessen einerseits fand diese Nationalisierung erst nach Justinian statt, als man die Hoffnung, das Reich dem alten Glauben zurückzuerobern, definitiv begraben hatte; und dann geht diese griechisch-monophysitische Bewegung der nationalistischen Aegyptens und Syriens durchaus parallel. Die uns genugsam bekannte Renitenz des kleinasiatischen Provinzialbewußtseins gegen den zentralisierenden Cäsarismus bringt sie zum Ausdruck.

[6] Johannes von Ephesos, K. G. V 6.

lich bekehren und kamen zur Orthodoxie (zurück) und nahmen nunmehr alle zumal Eifer für den wahren Glauben an. Zu öftern Malen wurden orthodoxe Bischöfe gesandt, gingen hin und besuchten sie und nahmen Verbesserungen an kirchlichen Dingen vor: nämlich Konsekration von neuen Altären, Kirchen und Klöstern, die dort entstanden waren, weihten viele Priester und (taten) das übrige, was zu geschehen hatte.« Den vielfach aus ihren Wohnsitzen aufgestörten altgläubigen Mönchen gewährte »die selige und gläubige« Kaiserin Theodora ein Asyl, indem sie ihnen in Konstantinopel selbst den Palast des Hormisdas als Wohnung anwies. »Die dortige Gemeinschaft strahlte durch erlauchte Greise und hochwürdigste Klostervorstände, die aus allen Landschaften des Ostens und des Westens, aus Syrien, Armenien, Kappadozien, Kilikien, Isaurien, Lykaonien, Asien, Alexandria und Byzakene gebürtig waren, welche Provinzen vor andern im Glaubenseifer entbrannt sind.«[1] Auch viele Nonnen, welche aus Antiochien, Isaurien, Kilikien, Kappadozien und den übrigen Provinzen vertrieben waren, sammelte »die selige Theodora« in der Hauptstadt. Einige der von ihr organisierten Konvente zählten über 300 Frauen.[2] Freilich hatte die Kaiserin auch ihre Not mit ihren Schützlingen. Sie ersuchte die Bischöfe, keine Weihen zu vollziehen; sie wollte den offenen Konflikt mit dem Patriarchat und der Staatskirche vermeiden. Aber natürlich gehorchten die Frommen Gott mehr als den Menschen. Dabei bekundeten die durch das ganze Reich zerstreuten und unterdrückten Monophysiten eine bewundernswerte Solidarität der Interessen. Durch Emissäre, welche von Aegypten und Syrien aus nach den einzelnen Landschaften geschickt wurden, blieb der geistige Zusammenhang der Altgläubigen bestehen. Ein solcher Agent war der selige Bischof Johannes von Hephaestu.[3] Nach der Verbannung des alexandrinischen Papstes Theodosios (540) kam er nach Konstantinopel, konnte sich aber mit den Verhaltungsmaßregeln, welche ihm die vorsichtige »Freundin Christi« vorschrieb, durchaus nicht befreunden. Kurzerhand entschließt er sich, als förmlicher Geheimdelegat des alexandrinischen Papstes die monophysitischen Gemeinden zu visitieren. »Da man dem Seligen in der Absicht, ihn am Vollzug von Ordinationen zu hindern, Schwierigkeiten machte, beschloß dieser, die Residenz zu verlassen und gemäß seinem brennenden Eifer

---

[1] Ioann. Eph. de beat. orient. S. 155.
[2] Johannes von Ephesos, K. G. I 10.
[3] Ἥφαιστος oder Ἡφαίστου, Bischofstadt in Augustamnica II.

die gläubigen Provinzialen zu visitieren. Ohne Zögern reiste er zuerst nach Lydien, dann nach Asien, wo es eine große Anzahl von Klostergemeinschaften der Gläubigen gibt. Auf dieselbe Weise durchreiste er alle Provinzen und kam bis nach Tarsos in Kilikien hinunter, nirgends einen ganzen Tag sich aufhaltend, sondern ohne Aufhören Tag und Nacht weiterreisend. Sein Ruhm erscholl in allen Landen. Wenn der Bischof der Provinz oder Stadt die Kunde erhielt, daß er angekommen, hatte er die heiligen Handlungen bereits vollzogen und war längst abgereist.«[1] Bis nach Syrien dehnte er seine Visitationsreisen aus, so daß Klagen der dortigen Prälaten einliefen; die eingeleiteten Untersuchungen der Regierung verliefen selbstverständlich resultatlos.

Aus dem Bisherigen ergibt sich, daß in Asien die Anhänger des alten Glaubens besonders zahlreich waren. Wir erfahren denn auch durch denselben Johannes, daß Ephesos und Pergamon Brennpunkte des monophysitischen Glaubens waren.

Zu dem Jahre 542, dem Jahre der großen Pest[2], bemerkt der Geschichtschreiber Johannes von Ephesos[3]: »Patriarchen waren zu dieser Zeit: Ephraim bar Apcha (l. Appianos), Zoilos, Agapetos, Menas, Makarios von Jerusalem. Orthodoxe: Theodosios, Sergios, Anthimos, Theosebios (von Ephesos), Thomas von Damaskos, ... Akumios von Amid, Johannes von Pergamos, Photios von Smyrna, Johannes von Ḳennesrīn, Johannes von Kallinikos, Johannes von Asia, Ḳasis von Chios usw.«

Wir sehen demnach die separierte Kirche Mitte des 6. Jahrhunderts vollkommen organisiert. Neben den Prälaten der offiziellen Staatskirche finden wir in Ephesos und Smyrna Monophysiten. In Ephesos saß neben Hypatios (seit 519, nachweisbar 536) und Andreas (552, 553) Theosebios, der alte Metropolit, welcher schon 503 erwähnt, 519 wegen seines Glaubens von Justin entsetzt ward. Er blieb in den Augen seiner Anhänger der rechtgläubige Bischof und muß, da er noch 542 blüht, ein sehr hohes

[1] Ioann. Eph. de beat. orient. S. 116.

[2] Der Auszug aus Johannes Asiae, welchen der Mönch von Zuḳnīn seinem Abrisse der Weltgeschichte einverleibt hat, ist leider äußerst fehlerhaft in den Jahreszahlen. So gibt er unsere Notiz zu 855 Sel. = 544/45. Das μέγα θανατικόν fand aber 542 statt. (Die Stellen bei Clinton, Fasti Romani zum Jahre 542, S. 778. Auch Johannes von Ephesos, De beat. orient. S. 149, setzt die Pest richtig in 853 = 542/43.)

[3] Feestbundel aan Prof. M. J. de Goeje op den 6den October 1891 aangeboden door eenige oud-leerlingen. Leiden 1891. S. 71.

Alter erreicht haben. In Smyrna finden wir neben dem offiziellen Staatsbischofe Kalloas (um 536) als Oberhirten der Abgetrennten den Photios (bis 549) und dann Petros. Der Zeitgenosse und Gesinnungsverwandte dieser Männer ist Johannes von Pergamon, der spätestens 549 gestorben sein muß.[1]

Die wenigen aus Anastasios' Zeit noch vorhandenen Bischöfe starben weg. Es drohte in der separierten Kirche eine Unterbrechung der apostolischen Succession und damit eine völlige Verödung der Kirche einzutreten. Da veranlaßte ein bewährter Freund der Monophysiten, König Ḥārith ben Gabala, der Phylarch der römischen Araber, »die Freundin Christi«, die Kaiserin Theodora, zwei bewährte und göttliche Männer, Jakobos und Theodoros, den ersten zum Erzbischof von Edessa, den letzteren zum Bischof des arabischen Hīrthā weihen zu lassen. Der noch immer bei Konstantinopel im Exil weilende alexandrinische Papst Theodosios gab ihnen als seinen Geheimdelegaten die nötigen Vollmachten, und nun durchzogen sie, um den Kanones zu genügen, von je zwei gleichfalls zu Bischöfen geweihten Mönchen begleitet, Ost und West, überall Bischöfe weihend und so eine vollständige Hierarchie der abgetrennten Kirche herstellend. Ja'ḳob durchreiste dergestalt Lykien, Kilikien, Isaurien, Syrien, Mesopotamien und Aegypten; von da begab er sich, was für uns wichtig ist, nach Asien: »Darauf reisten wiederum der selige Ja'ḳob und seine Gefährten nach den Gauen Asiens und ernannten in Asien vier Bischöfe, den einen namens Johannes den Syrer, den Lehrer der Heiden, für Ephesos, einen anderen namens Petros für Smyrna, einen anderen namens Johannes für Per-

[1] Ich kann freilich die Vermutung nicht unterdrücken, daß Johannes von Pergamon und Photios von Smyrna, beide um 542 (544/45) blühend, ihre Existenz nur dem wenig sorgfältigen Auszug des Mönches von Zuḳnīn aus der Kirchengeschichte des Johannes verdanken. Sein Zeugnis ist nicht ganz unbedenklich. Richtig erwähnt er zu diesem Jahre Theosebios von Ephesos, der 549 durch Johannes ersetzt ward. Dagegen Photios von Smyrna scheint der von Johannes (De beat. orient. S. 178) erwähnte Chartularius zu sein, welcher aber nicht Bischof von Smyrna wurde; vielmehr erlangte diese Würde 549 sein Freund Petros der Cancellarius. Die Verwechselung der beiden scheint recht alt zu sein; denn bereits Pseudo-Johannes in der Vita des Ja'ḳob Burd'ānā erwähnt ausdrücklich (S. 208) den Photios statt des Petros als von Ja'ḳob eingesetzten Bischof von Smyrna. Da er, wie der Mönch von Zuḳnīn, daneben auch den sicher erst von Ja'ḳob Burd'ānā eingesetzten Bischof Ḳasīs von Chios erwähnt, so können sowohl der Bischof Johannes von Pergamon (vor 549) wie Photios von Smyrna möglicherweise nur nachlässiger Epitomierung der zeitgenössischen Quelle ihren Ursprung verdanken.

gamos, endlich einen namens Petros für Tralles. Darauf setzten sie nach der Insel Chios über und ernannten zum Bischof einen gewissen Ḳasīs (Kassios?), der aus demselben Kloster mit Johannes von Ephesos stammte; denn beide waren aus dem Kloster des Mar Johannes in Amida gekommen.[1] Die Zeit läßt sich genau bestimmen. Denn der schon oft angeführte Auszug aus Johannes von Ephesos[2] erwähnt zum Jahre 860 (= 549/50) einen Streit in Ephesos über den Episkopat. Offenbar trat derselbe nach dem Tode des Theosebios ein. Es ist sehr wohl möglich, daß eine partikularistisch asiatische Partei mit der Einsetzung des Syrers als Metropoliten nicht ganz einverstanden war. Mit Sicherheit können wir demnach feststellen, daß Johannes 549/50 den Bischofstuhl in Pergamon bestieg.

VIII. Die Wirksamkeit des Heidenvorstehers Johannes unter Justinian in den Provinzen Asien, Lydien, Karien und Phrygien.

Justinians Regierung ist in religiöser Beziehung bemerkenswert nicht nur durch die Maßnahmen gegen die Monophysiten, sondern auch durch die heftigen Verfolgungen der unglücklichen Überreste der altheidnischen Bevölkerung. Die Monophysiten klagen laut genug über die gegen sie durch Staatskirche und Polizei verhängten Drangsale; aber weit entfernt, dadurch zu Duldsamkeit gegen Andersdenkende veranlaßt zu werden, beteiligen sie sich mit viel fanatischerem Eifer an der Ausrottung der Heiden als selbst die Anhänger der Staatskirche.[3]

Im Jahre 530 organisierte Kaiser Justinian eine große Glaubensuntersuchung gegen die heimlichen Heiden in der Residenz. Johannes von Ephesos, der Geschichtschreiber, wie er uns selbst mit Genugtuung erzählt[4], fungierte als Großinquisitor. Zahlreiche vornehme und reiche, durch griechische Bildung hervorragende Männer, Patrizier, Professoren, Juristen

---

[1] Ioannes Ephesos, De beat. orient. S. 164; vergl. auch H. G. Kleyn, Jacobus Baradaeus de stichter der Syrische Monophysitische Kerk. Leiden 1882. S. 61.

[2] Feestbundel S. 71 mit den bezüglich der Chronologie dieses Auszuges gemachten Vorbehalten S. 30, Note 1.

[3] Wie die Dissenters in beschränktem Katholikenhaß und wildem No-popery-Geschrei die Angehörigen der established church noch überbieten. Mit der Religionsglut der Monophysiten verglichen, erscheinen die Anhänger der orthodoxen Staatskirche latitudinarisch und indifferentistisch ganz wie die hochkirchlichen Hofleute unter Karl II. Stuart.

[4] Assemani, bibl. orient. II S. 85.

und Ärzte wurden in Untersuchungshaft genommen und mußten sich vor dem Tribunal des fanatischen Syrers verantworten. Das Jahr darauf[1] erhielt er vom Kaiser Vollmachten, das Glaubensgericht auf die Provinzen Asien, Karien, Lydien und Phrygien auszudehnen, deren Bevölkerung als besonders hartnäckige Anhänger des Heidentums galten.[2] Über seine Tätigkeit erzählt Johannes[3]: »Lange habe ich in der Kaiserstadt geweilt, zuerst wegen der Verfolgung, dann aber jene ganze Zeit, mehr als 30 Jahre, damit ich die Menschen vom Irrtum des Götzendienstes bekehre, welches Geschäft durch den Hauch und das Werk der göttlichen Gnade durch mich den Geringen in den Landschaften Asiens vollzogen ward, so daß 80000 Menschen sich bekehrten und von dem Heidentum erlöst wurden, und es wurden 98 Kirchen, zwölf Klöster, ferner aus jüdischen Synagogen noch sieben Kirchen gebaut. Das geschah in diesen vier Eparchien: Asia, Karia, Phrygia und Lydia. Und dies haben wir einmal zum Ruhme Gottes geschrieben, dann aber auch zur Erklärung, damit niemand unseren langen Aufenthalt in der Kaiserstadt tadele und sich daran stoße.«[4] Ebendasselbe berichtet er in der Kirchengeschichte.[5] Er erzählt daselbst, daß er auf dem Gebirge nördlich von Tralles (Ṭrūlīs), also auf der Messogis begonnen, daselbst viele Tausende bekehrt, 24 Kirchen und vier Klöster erbaut habe. Nach seinen Angaben soll sich dort nämlich ein Zentral-

[1] Diese chronologische Bestimmung beruht lediglich auf Feestbundel S. 71. Wir haben Angaben aus den Jahren 849, 850, 851, 852, 853, 854, 855. 852 wird die Inquisition in Konstantinopel, 853 in Asien angesetzt. Natürlich sind beide Zahlen in üblicher Weise falsch. Höchstens soviel wird sich aus dem Berichte des Johannes von Asien beim Mönche von Zuḳnīn als geschichtlich feststellen lassen, daß die Glaubensuntersuchung in der Provinz ein Jahr nach der in der Hauptstadt begann. Wenn er letztere in 852 (541/42) und das 19. Jahr (545) Justinians ansetzt, so ist diese Angabe durchaus irrig. Der Bericht führt nämlich fort: Feestbundel S. 71: »853 bezocht God Aziё, Cariё, Lydiё, Phrygiё door middel van mij, Johannes van Aziё.« Nun schrieb Johannes sein Werk über die gottseligen Ostländer im Jahre 565/66. Ferner sagt er, er habe die Heidenaufsicht mehr als 30 Jahre gehabt. Das führt uns für den Beginn der Heideninquisition ungefähr auf eines der Jahre zwischen 531 end 534. Eine genauere Bestimmung ist nicht möglich.

[2] Vergleiche über diese Heidenbekehrung auch J. P. N. Land, Johannes, Bischof von Ephesos. Leiden 1856, S. 59 ff.

[3] De beat. orient. S. 156.

[4] Johannes findet es nötig, sich zu verantworten, daß er im Grund eigentlich nur ephesinischer Titularbischof war.

[5] III 36. Ich benutze für das Folgende eine von Dr. Hilgenfeld für mich angefertigte Übersetzung der Kap. 36 und 37.

tempel der Heiden befunden haben, welcher eine weithinreichende Oberaufsicht über die übrigen Heiligtümer ausübte.

»Und zwar wurde zuerst eben dieses große (Kloster), von dem wir entsprechend dem Zwecke des Buches erzählen müssen, in einer Ortschaft in diesen steilen Bergen mit Namen Dārīrā gebaut über einem berühmten und großen Götzenhause der Heiden, unter dessen Herrschaft, wie alte Leute von ihnen erzählten, 1500 Götzenhäuser standen, die in allen diesen Eparchien waren. Dort versammelten sie sich nämlich in jedem Jahre und erfuhren und empfingen von ihm die Bestimmung, wie sich die Priester und alle Völkerschaften der Heiden überall verhalten sollten.«

Dieser von lebhafter Phantasie zeugende Bericht über den gewaltigen Herrschaftsbezirk des Heidenpapstes geht auf die alten Leute d. h. auf die barock ausschmückende Volkslegende zurück, die sich offenbar von der unermeßlichen Macht eines solchen im Verborgenen waltenden Oberpriesters und seiner geheimen Anhänger etwas abenteuerliche Vorstellungen machte. Indessen ist durchaus nicht zu bezweifeln, daß diesen Übertreibungen ein berechtigter Kern zugrunde liegt. Bekannt ist, wie sehr die letzten überzeugten Anhänger des Heidentums unter den römischen Kaisern Maximinus Daza und Julian es sich angelegen sein ließen, die heidnische Priesterschaft hierarchisch zu gliedern und zu organisieren. Die Verfolgung und Unterdrückung machte den Zusammenschluß der altgläubigen Korporationen und Gemeinden ohnehin zur Notwendigkeit. Dieses priesterliche Zentrum des Heidenglaubens Dārīrā ist wohl richtig von Land mit Tyrra (Torrebia, heute Tīre[1]) identifiziert worden. Die Stadt liegt am Nordabhang des langgestreckten Messogisgebirges (mit einheimischem Namen Karios[2], heute Güme Dagh) gegen die Kaystrosebene zu. Die Stadt wird auch Tarra geschrieben.[3] Sie ist die Hauptstadt des Bruderstammes der Lyder, der

---

[1] Über die Lage vergl. H. Kiepert, Spezialkarte vom westlichen Kleinasien Bl. VIII. Ibn Baṭūṭa beschreibt im XIV. Jahrhundert Tire als eine schöne Stadt, wohlbewässert und reich an Fruchtgärten. Voyages d'Ibn Batoutah. Paris 1854, II, p. 307.

[2] Ἐν δὲ τῇ Τορρηβίδι ἐστὶν ὄρος Κάριος καλεόμενον καὶ τὸ ἱερὸν τοῦ Καρίου ἐκεῖ. Steph. s. v. Τόρρηβος vielleicht aus Hekataeos.

[3] Τύραννος ἤτοι ἀπὸ τῶν Τυρρηνῶν· ὠμοὶ γὰρ οὗτοι· ἢ ἀπὸ Γύγου, ὅς ἐστιν ἀπὸ Τύρρας πόλεως Λυδιακῆς (λυκιακῆς der Text), τυραννήσαντος πρῶτον ἐν αὐτῇ. Etym. M. s. v. Τύραννος. Die schlichtere Redaktion des Etym. Gudianum hat ἀπὸ Τύρου τῆς πόλεως. Wenn dann weiter berichtet wird, daß die Bezeichnung τύραννος erst in Archilochos' Zeit aufgekommen sei (Hypothesis zu Oedipus Tyrannos), so besagt dies dasselbe,

Torreber, welche sich nach Xanthos' Wort sprachlich so nahe standen, wie Ionier und Dorer. Tyrra, einst nicht unbedeutend und Residenz der lydischen Sekundogenitur, des Mermnadenhauses, war durch die benachbarten hellenistischen Metropolen Ephesos, Magnesia und Tralles völlig zurückgedrängt worden und zur obskuren Landstadt herabgesunken. In diesen späten Zeiten wird Tyrra der geistige Mittelpunkt für die auch in religiöser Beziehung starr am Alten hängende Bevölkerung der lydisch-karischen Gebirgskantone. In Tyrra war der echt nationale Dienst des Himmelsgottes Karios zu Hause. Dieser der aus seinem uralten Wohnsitze vertriebene Stammgott ist zweifellos »der neidische Satan«, das Oberhaupt »jener verderblichen Dämonen«, welche aus Bosheit den geistlichen Baumeister des Johannes 1000 Ellen hoch von den schroffen Felsen hinunterstürzten, doch ohne ihm erheblichen Schaden zuzufügen; denn nur seine Nase wurde etwas verletzt.[1] In seinem Tempel »auf den steilen und gewaltigen Bergen«, der Stätte des späteren Klosters, »wohnten vorher die Dämonen, welche Befriedigung fanden an dem Blute der Opfer, die ihnen dort dargebracht wurden, auf denen sie sich niederließen, wie die Fliegen auf eiternden Wunden«.[2] Echt lydisch ist, was wir sonst vom dortigen Kulte erfahren. Wie bei den Festen der großen Naturgottheit des Hermostales, der gygaeischen Artemis, die ganze Schöpfung sich beteiligte,

---

da Archilochos als Zeitgenosse zuerst des Gyges gedenkt. Die Ableitung des fremdländischen Fürstentitels von der Stadt deutet auf eine Nebenform mit einem ρ, welche auch durch das Et. Gud. vertreten wird und durch Steph. Byz. s. v. Τύρος· ἔστι καὶ πόλις .. Λυδίας. Fragelos identisch mit Τύρος, Τύρρα ist Τάρρα πόλις Λυδίας Steph. Byz. s. v. Der dumpfe Vokal der ersten Silbe des lydischen Namens wurde von den Griechen bald durch υ, bald durch α wiedergegeben. Der Form Tarra entspricht das syrische Dārīrā.

[1] Man bedenke, Johannes berichtet das Wunder als Augenzeuge! und weiß viel von den Anfechtungen und der Bekämpfung der Gläubigen durch die Dämonen zu berichten. Es ist derselbe massive Dämonenglaube, welchen wir in der Lebensbeschreibung Gregors des Erleuchters antreffen. Auch in Armenien erscheinen regelmäßig bei der Zerstörung der Heidentempel Geisterscharen, welche sich höchst materiell mit Lanzen, Pfeilen und Steinen gegen die Gläubigen wehren, aber beim Kreuzeszeichen Gregors verschwinden.

[2] »Wie die Mücken auf faulem Fleisch« vergl. dazu das Opfer des Ḫāsisadra im assyrischen Sintflutbericht: »Da ließ ich (alles) nach den vier Winden hinaus, ein Opfer brachte ich dar. Ich richtete her einen Altar auf der Höhe des Berggipfels, je sieben Adagurgefäße stellte ich auf, unter sie breitete ich Kalmus, Zedernholz und Blitzkraut. Die Götter sogen ein den Duft, die Götter sogen ein den wohlriechenden Duft; wie Fliegen sammelten sich die Götter über dem Opfernden«. E. Schrader, die Keilinschriften und das A. T.[2] S. 63.

die Schilfhalme sich im Takte regten, die Fische lauschten und die Inseln sich bewegten[1], ganz ebenso hört der Torrebergott Karios, als er sich an die Τορρηβία λίμνη[2] verirrt, die Festhymnen der lydischen Musen, der sangeskundigen Wasserjungfrauen, und er überliefert seinem Volke die göttliche Kunst der torrebischen Weisen.[3] Mit diesen Ruinen altlydischer Frömmigkeit hat nun Johannes gründlich aufgeräumt. Zwar blieben das Kloster und die 24 Dorfkirchen auch in der Folgezeit nicht von Heimsuchungen der Gegner verschont. Aber »Gott in seiner Barmherzigkeit wehrte alle Mißgunst des Bösen von ihnen ab und erhielt sie zum Ruhme seines Namens bis auf den heutigen Tag«.[4] Zur Befestigung der Neo-

---

[1] Ἐν δὲ σταδίοις τετταράκοντα ἀπὸ τῆς πόλεως ἔστιν ἡ Γυγαία μὲν ὑπὸ τοῦ ποιητοῦ λεγομένη λίμνη, Κολόη δ' ὕστερον μετονομασθεῖσα, ὅπου τὸ ἱερὸν τῆς Κολοηνῆς Ἀρτέμιδος μεγάλην ἁγιστείαν ἔχον. φασὶ δ' ἐνταῦθα χορεύειν τοὺς καλάθους κατὰ τὰς ἑορτάς, οὐκ οἶδ' ὅπως ποτὲ παραδοξολογοῦντες μᾶλλον ἢ ἀληθεύοντες. Strabo XIII 626 *C.* Sunt enim multi (lapides) pumicosi et leves, ex quibus quae constant insulae in Lydia natant. Seneca N. Q. III. 24, 7. O. Müller, Kleine Schriften II. 212. E. Curtius, Artemis Gygaia und die lydischen Fürstengräber. Arch. Zeitung 1853 S. 148 ff., vergl. auch Ges. Abh. II. S. 20.

[2] Das vom Phyrites durchströmte stagnum Pegaseum, Plinius N. H. V 115, heute Kara-Gioel.

[3] Steph. s. v. Τόρρηβος· Κάριος δὲ Διὸς παῖς καὶ Τορρηβίας, ὥς Νικόλαος τετάρτῳ ὃς πλαζόμενος περί τινα λίμνην, ἥτις ἀπ' αὐτοῦ Τορρηβία ἐκλήθη, φθογγῆς Νυμφῶν ἀκούσας, ἃς καὶ Μούσας Λυδοὶ καλοῦσι, καὶ μουσικὴν ἐδιδάχθη καὶ αὐτὸς τοὺς Λυδοὺς ἐδίδαξε. καὶ τὰ μέλη διὰ τοῦτο Τορρήβια ἐκαλεῖτο. V. Schultze, Geschichte des Untergangs des griechisch-römischen Heidentums II. S. 322 meint, der Götterglaube von Dariro sei als eine Mischung fremder und landestümlicher Vorstellungen zu denken. Zu dieser Annahme liegt kein Grund vor.

[4] Wie verhielten sich die Orthodoxen zu diesem Bekehrungseifer der monophysitischen Agenten Kaiser Justinians? Johannes beschuldigt wenigstens in späterer Zeit die vornehmen und übermäßig reichen Dignitäre der Staatskirche geradezu des heimlichen Heidentums und führt Beispiele an, die sicher nur Belege für die erhitzte Phantasie dieses frommen, aber recht beschränkten Dissenters sind. Jedenfalls standen sie aber äußerst lau dem Bekehrungswerk gegenüber. Charakteristisch ist das Benehmen des orthodoxen Staatsbischofs von Tralles (Joh. v. Eph., K. G. III 37). Nach sechs Jahren war der Bau des Klosters vollendet. Das Jahr darauf (538) sagte der Bischof: »Ich mache das Kloster zur Villeggiatur (προάστειον) meiner Kirche und wohne dann den ganzen Sommer darin«. V. Schultze a. a. O. II. S. 322 meint beschönigend, er habe seine Diözesanrechte dort liegen sehen. Kaiser Justinian dagegen hat die naive Unverschämtheit dieses Prälaten von einem weniger apologetischen Standpunkte aus betrachtet. In der vom Bischof erbetenen Audienz sprach er mit wohltuender Deutlichkeit und erklärte ihm, daß er eine Kirche, zu der er nicht kanonisch berufen sei, auch nicht regieren könne. »Das Kloster, das mein ist, da es mit meinem Wissen und auf meinen Befehl erbaut worden, willst Du einreißen!« Das Kloster erhielt eine von der bischöflichen Jurisdiktion völlig eximierte Stellung, und der Bischof mußte die Hoffnung auf ein angenehmes Sommerpalais fahren lassen.

phyten im Christenglauben sorgte auch der Kaiser, »der mit offener Hand alles notwendige gewährte, silberne und eherne Gefäße, linnene Kleider für die Täuflinge und heilige Bücher für 96 Kirchen, von denen 41 die Neubekehrten auf ihre Kosten, die übrigen der Kaiser aus Staatsmitteln errichtet hatte«.[1] Der Zentralpunkt dieser weitgreifenden Tätigkeit blieb aber das herrlich gelegene Bergkloster Tarra.[2]

Ich habe den Missionsbericht über die Bekehrung der Heiden im Bergdistrikt von Tralles darum so ausführlich behandelt, weil er die einzige Spezialnachricht über die Tätigkeit des Großinquisitors in den vier asiatischen Provinzen ist. Aber über eine zweite Örtlichkeit geben uns die Denkmäler in einer durchaus übereinstimmenden Weise Nachricht, und das ist gerade Pergamon. Neben dem alten Heiligtum der Athena Polias Nikephoros ist eine kleine Kirche[3], zum Teil aus älterem Material erbaut, doch in einigen Baugliedern auch Spuren selbständiger Technik bekundend. Es ist ein Langhaus, dessen Fußboden aus antiken Marmorplatten gebildet ist. Der Eingang war in der Westmauer. Davor dehnte sich ein geräumiger Narthex aus. »Das Innere des Langhauses«, sagt Bohn, »war durch hart an die Mauer gelehnte Stützen gegliedert, deren wohl antiken Bauten entnommene Basen sich zum größeren Teil noch unverrückt an ihrer Stelle befinden. Die darauf gehörenden Säulenschäfte dürfen wir in einigen mächtigen Granitmonolithen wiedererkennen .... Durch diese Gliederung sondert sich in der Mitte ein quadratischer Bau aus ...., an welchen sich beiderseits je zwei ungleiche Querjoche anschließen. Es liegt nahe, hier an die Anordnung einer höher gehobenen Mittelkuppel zu denken, deren vier Eckpunkte eben jene Säulen gewesen wären. Östlich schließt sich, um eine Stufe emporgehoben, zunächst ein schmales Presbyterion und dann eine halbkreisförmige Apsis an.« »Unter dem Fußboden der Kirche befinden sich ganze Reihen von Gräbern, die größtenteils in den gewachsenen Fels hineingearbeitet sind. Auch die ganze Umgebung der Kirche ist dicht mit solchen Gräbern bedeckt.« Diese Gräber beweisen eine

---

[1] Assemani a. a. O.

[2] Ein Besuch, den ich Herbst 1899 Tyra und der Messogis in Gemeinschaft mit Dr. G. Weber-Smyrna machte, hat uns zwar allerlei interessante sakrale Anlagen aus klassischer und christlicher Zeit finden lassen. Indessen die Zeit war zu kurz, um die Lage des Bergklosters auch nur mit Wahrscheinlichkeit bestimmen zu können.

[3] Altertümer von Pergamon. Band II, Text. Berlin 1885. S. 88 u. ff.

äußerst gründliche Zerstörung des Athenatempels. Derselbe muß bis auf die Fundamente vernichtet gewesen sein, ehe man an den Kirchenbau ging.

Nun vergleiche man den Bericht des Johannes über den Bau der Klosterkirche von Tarra[1]: »Über diesem (nämlich dem großen Götzenhause) erbaute dieser obenerwähnte Johannes infolge einer Offenbarung Gottes, nachdem er es bis auf seine Grundmauern zerstört hatte, in stattlicher Weise dieses Kloster, welches Dārīrā genannt wurde, auf seiner Stelle auf den steilen und gewaltigen Bergen zwischen allen diesen Kirchen.« Wir haben die schlagendste Parallele. Es liegt System in Johannes' Vorgehen. Die Berghöhen, welche bisher dem Dienst des Satans geweiht waren, werden durch christliche Gotteshäuser, die sich an derselben Stelle erheben, gereinigt und geheiligt. Keine Benutzung der heidnischen Tempelbauten zum Zwecke der neuen Religionsübung, kein Umbau und keine Umweihung findet statt. Nur nach radikaler Vernichtung der Teufelbehausung kann der Christengott ein seinem Dienste angemessenes Bethaus auf der einst verfluchten Stätte finden. Ich zweifle demnach nicht, daß der byzantinische Kirchenbau neben der Stelle des Athenatempels ein Werk des Johannes ist. Als Metropolit von Ephesos wird er gemeinsam mit Johannes von Pergamon die Weihe vollzogen haben. Ich setze den Kirchenbau zwischen 549 und 565. In das sechste, spätestens siebente Jahrhundert setzt ihn nach den Überresten Rahn.

Besonders wichtig sind die vielen Gräber. Gewiß enthielten dieselben einst nicht nur die Gebeine gewöhnlicher Sterblicher, sondern auch heiliger Bischöfe oder selbst Märtyrer. Wir dürfen nicht vergessen, daß die Heidenbekehrung in den Händen eines Syrers war, und das syrische Christentum besteht in erster Linie aus massivem Reliquiendienst und abergläubischer Dämonenangst, wie letzteres die Gründungsgeschichte des Klosters Tarra zeigt. Zum speziellen Glauben der syrischen Christen gehört nun, daß, wo Märtyrergebeine ruhen, die Dämonen keine Kraft haben. Als Julian ein Orakel vom Daphnaeischen Apollo fordert, erteilt der Gott keine Antwort aus Angst vor seinem heiligen Nachbar, dem Blutzeugen Babylas, dessen Märtyrerkapelle Julians christlicher Bruder Gallus zu Daphne in unmittelbarer Nachbarschaft des Orakeltempels errichtet hatte.[2] Dieselbe Anschauung

[1] Joh. v. Eph., K. G. III 36.

[2] Ὡϲ δὲ ὁ ἐνοικῶν τῷ ἱερῷ δαίμων τὸν γείτονα δεδοικώϲ, λέγω δὴ Βαβυλᾶν τὸν μάρτυρα οὐκ ἀπεκρίνατο· πληϲίον γὰρ ἦν ἡ ϲορὸϲ ἡ τὸ ϲῶμα τοῦ μάρτυροϲ κρύπτουϲα· γνοὺϲ τὴν αἰτίαν

teilt auch die mit Syrien eng verbundene altarmenische Kirche. Der hl. Gregor der Erleuchter bestattet in den zerstörten Götzentempeln, ehe er an ihrer Stelle christliche Kirchen aufführt, Märtyrergebeine, welche die alteinheimischen Dämonen bändigen und züchtigen. Nach syrischer Volksanschauung war darum der Schwur bei den Märtyrern kräftiger oder schauerlicher als bei Christus. »Wenn jemand schwört«, sagt Isaak von Antiochien[1], »oder schwören läßt, so scheint uns die Kirche zu gering, um darin den Eid anzunehmen. Der Schwörende wünscht den Eid in der Kirche zu leisten, aber der Eidesempfänger will ihn dort nicht annehmen, indem er sagt: »Wenn du nicht in der Kapelle des Apostels Thomas schwörst, so traue ich dir nicht.« Weil dort die Dämonen heulen, ehren sie den Apostel mehr als seinen Herrn ... Christus thront in seiner Kirche als König, während der Apostel einem Feldherrn zu vergleichen ist. Im Hause des Königs ist ehrfurchtsvolles Schweigen geboten, aber im Hause des Feldherrn herrscht Lärm und Unruhe ... Würde der Teufel in der Kirche heulen und sich in den Märtyrerkapellen ruhig verhalten, wer wäre dann imstande, den Königssohn von dem Feldherrn zu unterscheiden? ... Für den Königssohn wäre es eine Unehre, wenn die Teufel in seiner Gegenwart heulen dürften, während er dies seinen Jüngern allerdings als ein Zeichen ihrer hohen Macht und Würde verliehen hat.« So sind diese heiligen Gräber auf der Stätte der alten Dämonenbehausung ein kräftiger Talisman und Höllenzwang, welcher alle Angriffe des Fürsten der Finsternis zurückweist. Ich glaube demnach mit Sicherheit annehmen zu dürfen, daß die Kirche auf der Burg von Pergamon einer der zahlreichen Bauten des Heidenvorstehers Johannes von Ephesos gewesen ist.

Anhangsweise mögen noch einige Notizen über Pergamon aus dieser Epoche folgen.

Aus dem 6. Jahrhundert ist nur noch der Reisebegleiter (συνέκδημος) des Hierokles zu erwähnen, eine Beschreibung des römischen Reichs mit Aufzählung seiner sämtlichen Provinzen und der darin befindlichen städti-

---

ὁ βασιλεὺς τὴν σορὸν τάχος κελεύει μετοικίζεσθαι. Sokrat. III 18. Nach Sozomenos V 20 sagte der Gott, als er endlich sich zum Reden verstand, zwar nicht deutlich, daß ihn Babylas' Reliquienschrein am Orakeln hindere, aber der Ort sei durch Leichen verunreinigt, und darum gehe das Weissagen nicht. Wenn das nicht christliche Erfindung ist, gaben die Heiden ihren Feinden an Superstition nichts nach.

[1] S. 154 der Übersetzung von Bickell.

schen oder auch nicht städtischen Gemeinwesen. Unter den 42 Städten der Provinz Asia figuriert an 34. Stelle Pergamos.[1] Als 610 Kaiser Phokas durch die Flottenrevolution des Herakleios gestürzt und martervoll getötet worden war, wurde sein Leichnam in dem sogenannten Bus verbrannt. Zonaras merkt an, daß das ein eiserner Ofen für Feuerbestattung war — diese wurde damals nur für besonders schwere Verbrecher angewandt — und die Maschine, die späterhin in Byzanz stark in Gebrauch kam, sei aus Pergamon hergeschafft worden.[2]

IX. Der Kampf mit dem Islam und die Themenverfassung.

Das 7. Jahrhundert, die dunkelste Periode der byzantinischen Herrschaft, wo der Kampf mit den gottgeschlagenen Agarenern alle Kräfte in Anspruch nahm und Wissenschaft und Bildung schweigen hieß, ist auch für Pergamon völlig dunkel. Nur sein Bischof wird 680 auf dem sechsten oekumenischen (ersten trullanischen) Konzil erwähnt. Diese späteren Universalkonzilien unterscheiden sich von den alten berühmten Synoden durch das Wegfallen des demokratischen Geschreis[3] der Bischöfe. Die einzelnen Bischöfe hatten nicht mehr so viel dreinzureden. An der Debatte beteiligen sich fast nur die Patriarchen oder ihre Stellvertreter und einige hervorragende Metropoliten. Die Bischöfe haben zu schweigen, zuzustimmen und zu unterschreiben. Die ersten zehn Aktionen der VI. oekumenischen Synode sind so wenig zahlreich besucht, daß sie eigentlich mehr als Kommissionsberatungen betrachtet werden können. Aus Asien sind nur vier Bischöfe anwesend, die in verschiedener Rangordnung wahrscheinlich mehr freundschaftlich zusammensitzen. Dies ändert sich mit der XIV. Aktion. Offenbar hatte die Regierung, um der heiligen Versammlung mehr Glanz zu verleihen, die Provinzialbischöfe in Scharen herzitiert. Aus Asien sind in die Präsenzlisten statt vier plötzlich sieben und in der XVIII. acht Bischöfe eingetragen. Den ersten Platz hat alle-

---

[1] Hierokles 661, 5.

[2] Τὸ δὲ δύστηνον σῶμα καυθῆναι κατὰ τὸν Βοῦν· ἔνθα κάμινος ἦν, ὡς λέγεται, ἐκ χαλκοῦ κατεσκευασμένη, σχῆμα βοὸς ἔχουσα, ἥπερ ἐκ Περγάμου κεκόμιστο, ἐξ ἧς καὶ ὁ τόπος ὠνόμαστο. Zonaras III 203, 10.

[3] Δημοτικαὶ ἐκβοήσεις. Der Ausdruck stammt von den »erlauchtesten Präsidenten« der Versammlung von Chalkedon.

mal Zoëtos, der Bischof des ganz unbedeutenden Landstädtchens Christopolis oder Dioshieron. Zweifellos muß er ein sehr angesehener, wohlgesinnter oder vielleicht durch Ordinationsalter hervorragender Prälat gewesen sein, daß ihm diese ausgezeichnete Ehre zuteil ward. Den Platz unmittelbar nach ihm und vor allen anderen nimmt aber regelmäßig der Protothronos der Provinz Asien, der Bischof von Pergamon ein; so unterschreibt er auch die Synodalbeschlüsse[1]: Θεόδωρος ἐλέῳ θεοῦ ἐπίσκοπος τῆς Περγαμηνῶν πόλεως τῆς Ἀσιανῶν ἐπαρχίας ὁρίσας· ὑπέγραψα und den λόγος προσφωνητικός an Kaiser Konstantin[2]: Θεόδωρος ἐλέῳ θεοῦ ἐπίσκοπος πόλεως Περγάμου τῆς Ἀσιανῶν ἐπαρχίας ὁμοίως ὑπέγραψα.

Auf diese idyllische Ruhe folgen dann sehr bewegte Zeiten für Pergamon mit dem 8. Jahrhundert. Der Riesenkampf zwischen Neu-Rom und dem Islam hatte damals seinen Höhepunkt erreicht, und das so weltabgeschiedene Pergamon sollte plötzlich in die wilde Strömung dieser grauenhaften Ereignisse hineingerissen werden. Zum Verständnis der damaligen Zeitlage ist es aber notwendig, die vollkommene Umwälzung in der militärischen und zivilen Verwaltung kurz zu charakterisieren, welche sich im oströmischen Reiche seit Ausgang des 6. Jahrhunderts vollzogen hat. Bereits unter Justinian zeigen sich die ersten leisen Spuren, wonach die Zentralregierung das von Diokletian und Konstantin eingeführte System der vollständigen Trennung von militärischer und bürgerlicher Gewalt wieder einschränkte oder teilweise aufhob. Einen folgenreichen Schritt tat sein Nachfolger Maurikios (582 bis 602) durch die Gründung der beiden Exarchate Italia und Afrika. Durch die Einbrüche der Langobarden und der Maurusier (Kabylen) war der Besitz dieser Provinzen aufs äußerste gefährdet, ja förmlich in Frage gestellt. Es herrschte ein permanenter Kriegszustand. Sehr verständig hat nun die oströmische Regierung die zu den unausrottbaren Eigentümlichkeiten gleichberechtigter Oberbehörden gehörenden Kompetenzkonflikte aus dem Wege geräumt, indem sie die Zivilpräfekten den Militärgouverneuren[3] tatsächlich unterordnete. So haben nun die ursprünglich rein militärischen Exarchen auch in alle übrigen Zweige der Verwaltung, sehr energisch z. B. auch in das Kultusdepartement ein-

---

[1] Mansi XI 648.

[2] Mansi XI 673.

[3] Exarchus Italiae und Africae ist nur eine Titulaturerhöhung für die alten magistri militum per Italiam und per Africam.

gegriffen. Im 7. Jahrhundert haben sie allmählich die Funktionen der Zivilpräfekten vollständig übernommen, so daß diese in Wegfall kamen. Genau kennen wir die Vorgänge nur in Italien. Allein zahlreiche Andeutungen der Quellen berechtigen uns zu dem Schluß, daß auch im Osten ähnliche Verhältnisse dieselben Resultate hervorgebracht haben.

Kaiser Konstantinos Porphyrogennetos — der einzige, der uns über diese Vorgänge Kunde gibt, und seine Berichte sind meist nur wenig zuverlässige Bureautraditionen — sagt, unter Kaiser Herakleios sei die Themenverfassung eingeführt worden.[1] Wie längst richtig erklärt worden ist, heißt das, daß auch hier der Kriegszustand für permanent erklärt wurde. Die unaufhörlichen Einbrüche der Slawen und Bulgaren in die Hämushalbinsel, das nahezu ein Jahrhundert andauernde heroische Ringen mit dem Islam auf asiatischem Boden, wo das Reich seine Existenz einsetzte, erforderten diskretionäre Gewalten für die höchsten Militärchefs als dringende Notwendigkeit. Schon im 7. Jahrhundert treffen wir daher die großen Militärgouvernements, »das gottbehütete Opsikion« (Hellespontos, Bithynien, Teile von Phrygien, Honorias, Paphlagonien, Teile von Galatien), das anatolische und das armenische Thema. Ersteres umfaßte Lydien, Asien, Karien, beide Phrygien, fast ganz Lykaonien, Pisidien, Galatia II und Teile von Galatia I, Kappadokia II, letzteres Kappadokia I, den Osten von Galatia I, Helenopontos, Pontos Polemoniakos, die verschiedenen Armenien. Der Höchstkommandierende über das in diesen zwei weiten Bezirken stehende Armeekorps führt den offiziellen Titel 'πατρίκιος καὶ στρατηγός' und entspricht genau unserem Divisionskommandeur.[2] Der Patricius befehligt 10 000 Mann. Ihm unterstellt sind zwei Turmarchen (Brigadekommandeure) zu je 5000 Mann. Der Turmarch hat unter sich fünf Drungarier (Bataillonskommandeure) zu 1000 Mann, der Drungarier fünf Komes (Pentarch-Hauptmann und Kom-

---

[1] Constantin. Porphyr. de them. I 12, 13 bis 13, 3: ὅτε δὲ τοῦ στρατεύειν οἱ βασιλεῖς ἀπεπαύσαντο, τότε καὶ στρατηγοὺς καὶ θέματα διωρίσαντο .. νυνὶ δὲ στενωθείσης κατά τε τὰς ἀνατολὰς καὶ δυσμὰς τῆς Ῥωμαϊκῆς βασιλείας καὶ ἀκρωτηριασθείσης ἀπὸ τῆς ἀρχῆς Ἡρακλείου τοῦ Λίβυος, οἱ ἀπ᾽ ἐκείνου κρατήσαντες, οὐκ ἔχοντες ὅποι καὶ ὅπως καταχρήσονται τῇ αὐτῶν ἐξουσίᾳ, εἰς μικρά τινα μέρη κατέτεμον τὴν ἑαυτῶν ἀρχὴν καὶ τὰ τῶν στρατιωτῶν τάγματα μάλιστα, καὶ ἑλληνίζοντες καὶ τὴν πάτριον καὶ Ῥωμαϊκὴν γλῶτταν ἀποβαλόντες.

[2] Genau so werden auch von den Griechen die Exarchen tituliert. Der Exarch von Italien ist an Rang und Stellung z. B. dem Patricius und Strategos des Thema Anatolikon durchaus koordiniert. Beide sind gloriosissimi (ἐνδοξότατοι = Exzellenzen).

pagnieführer) zu 200 Mann usw.[1] Die Zivilbeamten sind noch nicht verschwunden, vielmehr lassen sich dieselben durch das ganze 7. Jahrhundert nachweisen. Aber sie sind den in ihren Provinzen kommandierenden Generalen gänzlich untergeordnet. Es vollzieht sich derselbe Prozeß wie in Italien und Afrika. Die bürgerliche Gewalt wird allmählich von der militärischen vollständig aufgesogen, und der Divisionskommandeur übt zugleich die Funktionen des Zivilstatthalters oder Oberpräsidenten aus. Ehe wir aber diese epochemachende Umwälzung schildern, ist die Stadtgeschichte von Pergamon aus dem letzten Viertel des 7. und dem Beginn des 8. Jahrhunderts darzustellen.

X. Die Armenische Gemeinde in Pergamon und der Pergamener auf dem Kaiserthron.

Wir können eigentlich nur die Tatsache mitteilen, daß in Pergamon eine starke armenische Gemeinde bestand. Schon unter Justin II., wenn wir der anonymen Epitome über die Geschichte der Armenier trauen dürfen[2], flohen eine Anzahl gegen Chosrau Anōšarwān empörte armenische Feudalfürsten (σατράπαι arm. Naḫararkh) mit zahlreichen Rittern (Azatkh, Ἀζατοι) Wardapets und Clangenossen ins römische Reich. Ihr Führer Bardas, welcher den persischen Marzpan (Markgrafen) Surēn erschlagen hatte, kam mit seinen Genossen nach Konstantinopel, und es wurde ihnen ein Quartier in der Nähe der Sophienkirche angewiesen, »unweit der Pforte dieses Gotteshauses, welche bis auf diesen Tag die Pforte der Armenier heißt.«[3]

---

[1] Die Begründung des hier nur kurz zusammengefaßten in meiner Abhandlung: Die Genesis der byzantinischen Themenverfassung. Abh. d. Sächs. G. d. Wissensch. hist. philol. Klasse, 1899, Nr. 5 S. 114 ff. Vergl. Ch. Diehl, l'origine du régime des thèmes (in der Sammlung der A. Monod gewidmeten Aufsätze. Paris 1896).

[2] Anonymi de Armeniorum rebus narratio ganz ungenügend ediert von Combefis hinter der historia Monothelitarum. Kap. 15. Es ist zu lesen: ἐν τῷ $\overline{μ\langle α\rangle}$ ἔτει τοῦ Χοσρόου καὶ τῷ $\bar{ι}$ ἔτει Ἰουστι[νια]νοῦ = 572. Wenigstens ist sicher dieses Jahr gemeint; der Verfasser freilich scheint wirklich Justin und Justinian zu verwechseln, da er hinzusetzt: Ἰουστινιανοῦ τοῦ καὶ τὴν ἁγίαν Σοφίαν δειμαμένου.

[3] Der Verfasser scheint selbst ein Mitglied dieser durch allerhand bald sanftere, bald unsanftere geistliche Torturmittel allmählich in den wahren orthodoxen Glauben hineindrangsalierten Armenier von Konstantinopel gewesen zu sein. Merkwürdigerweise hat bereits er (um 700) die westliche konstantinopolitanische Aussprache des Armenischen als Eigentümlichkeit, vgl. Βαρτᾶς, Ἄπας, Πακρατουνής, Συμπάτιος usw.

Dies bestätigt Johannes von Ephesos, welcher uns um 570 meldet[1], daß der Katholikos von Dvin, viele Bischöfe und Freie (Azatkh), auch einige Satrapen infolge des Aufstandes von Persarmenien nach der Hauptstadt gekommen seien. Sie empfingen kaiserliche Gaben und Ehrengeschenke: Fürstentümer und angemessene Wohnungen in den Kaiserlichen Palais. Ebenso wurden die in der Provinz angesiedelten Armenier durch Fürstentitel und Pensionen geehrt. Im 7. Jahrhundert fanden dann infolge der muslimischen Einfälle in Hocharmenien zahlreiche Übertritte und Ansiedlungen der armenischen Clane auf romaeischem Boden statt. Die Soldaten der armenischen Division waren großenteils nationalarmenische Söldner. Die armen armenischen Edelleute machten ihr Glück im griechischen Kriegsdienst, wie die Berner und Freyburger Patrizier im französischen. Zahlreiche Familien wurden so auf griechischem Boden seßhaft. Es gab in den meisten größeren Städten, wie heute, armenische Niederlassungen und Kirchengemeinschaften, so auch in Pergamon. Wir finden in Pergamon ein hochvornehmes armenisches Geschlecht ansässig, das des Patricius Nikephoros. Dasselbe gehört zur militärischen Aristokratie, zu den Familien, aus deren Mitte die höchsten Militär- und Zivilchargen besetzt wurden.[2]

Nikephoros der Patrizier, der Pergamener, ist zweifellos identisch mit jenem Patricius Nikephoros, welcher 666 dem Kaiser Konstans die größten Dienste leistete. Saborios Περσογενής (d. h. ein aus Persarmenien gebürtiger Offizier) mit dem wichtigen Grenzkommando der armenischen Division betraut, war abgefallen und hatte durch seinen Legaten (στρατηλάτης) Sergios[3] mit Mu'āwija angeknüpft. Konstans vertraute die Führung des römischen Heeres, welches die Rebellion niederschlug, dem Patricius Nikephoros an.[4]

---

[1] Kirchengesch. II 22.

[2] Ἐπαναστάντος (sc. τοῦ ἐν Χερσῶνι τῇ πόλει κατοικοῦντος λαοῦ) αὐτῷ (Ἰουστινιανῷ) καὶ ἀνασοβήσαντος κατ' αὐτοῦ, καὶ φύρδην ἐνθέως ὡς ἔτυχε καὶ δίχα τινὸς ἐννόμου δοκιμασίας τε καὶ ψηφίσματος εἰς βασιλέα προστησαμένου καὶ ἀναγορεύσαντος ἐξόριστον ἐκεῖσε τὸν τηνικαῦτα διὰ πρόφασιν τυραννίδος γενόμενον Βαρδάνην τοὔνομα, υἱὸν γεγονότα Νικηφόρου τὸ γένος Περγαμηνίου τυγχάνοντος (Mansi τυγχάνοντα) Agathonis diaconi epilogus bei Mansi XII 192.

[3] Wohl gleichfalls ein Armenier. Der Name Sargis ist bei Armeniern wie bei Syrern besonders häufig.

[4] Theophanes zum Jahre 6159, S. 348 ff. Für die armenische Herkunft haben wir das ausdrückliche Zeugnis des hl. Nikephoros im Breviarium 44, 26, Βαρδάνην Ἀρμένιον τῷ γένει.

Wahrscheinlich wurde Nikephoros an des gefallenen Rebellen statt mit dem armenischen Divionskommando betraut. Nikephoros' Sohn war Bardanes[1], ein Mann, der eine ungewöhnlich glänzende Karriere machen sollte. Ein wohlunterrichteter Zeitgenosse, Agathon der Diakon und Kalligraph, welcher von den Akten der hl. sechsten oekumenischen Synode das Authenticum hergestellt hatte, meldet uns in dem historisch ebenso wertvollen als sprachlich interessanten Anhange einiges recht Wichtige über das Vorleben dieses Bardanes. In der Familie war erbliche Überlieferung das Festhalten am alten Glauben, welcher vor den durch die heilige sechste ökumenische Synode bestätigten dogmatischen Neuerungen des heiligen Sophronios und des heiligen Maximos der allgemein katholische gewesen war. Es ist auch ganz glaubhaft, daß der vornehme junge Mann den religiösen Privatunterricht des Abtes Stephanos, eines Schülers des monotheletischen mutigen Bekenners, des Patriarchen Makarios von Antiochien, genossen habe.[2] Stephanos, einer der Wortführer des Monotheletismus, wurde auf dem VI. Konzil namentlich verdammt. Daß ihn der Patricius Nikephoros als Hauskaplan in sein Palais zu Pergamon aufnahm, läßt tief blicken. Kaiser Konstans wußte wohl, warum er so energisch an der Einwillenlehre festhielt; dadurch hatte er die einflußreiche armenische Praelatur — den Katholikos Nerses an der Spitze, wie wir aus Sebēos wissen — völlig für sich gewonnen; Hocharmenien, in die griechische Interessensphäre einbezogen, war ein hochwichtiges Bollwerk gegenüber der drohenden arabischen Invasion. Wie kraftvoll der Kaiser sein kirchlich-politisches Programm durchzuführen verstand, zeigt sein Verfahren gegenüber dem Papste Martin I. (649—655) und dem heiligen Maximos. Wie gewaltig sein Auftreten auch im Westen imponierte, zeigt die vom orthodoxen Standpunkte aus als höchst bedenklich zu bezeichnende unbedingte Fügsamkeit der beiden Päpste Eugenius (654 bis 657) und Vitalian (657—672). Daß auch nach dem Umschwunge unter Konstantinos Pogonatos (680) zahlreiche hohe Dignitäre am alten Regierungsprogramm festhielten, dafür sind Belege eben das Haus des Nike-

[1] Die eigentliche Namensform ist Bardas (Mansi XII 195) im lateinischen Text, Βάρδας (verschrieben Βάνδα) im griechischen 196.

[2] Φιλιππικὸς ... ἔμφυτον ἔκπαλαι κεκτημένος οὐ μόνον ἐκ προλαβούσης γονικῆς, ὡς ἔλεγε, διδαχῆς καὶ παραδόσεως, ἀλλὰ καὶ διά τινος ἐπεισάκτου κακοδιδασκαλίας τὴν ἐναντίαν ταύτης τῆς ἁγίας καὶ οἰκουμενικῆς ἕκτης συνόδου παμβέβηλον αἵρεσιν, ὡς οἷα μαθητευθεὶς καὶ φοιτήσας παιδόθεν κατὰ καιροὺς Στεφάνῳ τῷ ἀββᾷ μαθητῇ Μακαρίου. Mansi XII 192.

phoros und die vielen Beweise von Sympathie, welche sein Sohn, der Kaiser, bei seinem nachherigen Auftreten fand.

Bardanes wurde natürlich griechisch erzogen und erhielt den griechischen Namen Philippikos.[1] Er war sehr ehrgeizig und hochbegabt.[2] Er hatte auch fromme Freunde, Anhänger der Lehre des heiligen Dionysios Areopagites von dem e i n e n gottmenschlichen Willen, welche in dem armenischen Militär aus Pergamon das erwählte Rüstzeug ersahen, um die Lehre der Gottlosen wieder von ihrem Herrschaftsthrone zu verdrängen. Die Legende bei Theophanes (381, 6ff.) ist für die Zeit und die Weltanschauung der damaligen Menschen so überaus charakteristisch, daß sie hier einen Platz verdient: »Bevor Philippikos den Thron bestieg, lebte in dem Kloster des Kallistratos ein mit der Prophetengabe geschmückter, aber häretischer Inclusus, welcher dem Philippikos, der daselbst seine Andacht verrichtete, sagte: »Dir ist der Kaiserthron bestimmt.« Philippikos entsetzte sich; doch der Inclusus sagte zu ihm: »Wenn Gott es befiehlt, was widerstrebst Du? Das aber sage ich Dir, daß die sechste Synode vom Übel war. Wenn Du nun Kaiser wirst, erkläre sie für ungültig und Dein Reich wird mächtig sein und lange Dauer haben.« Und er verpflichtete sich mit einem Eide dazu, dies zu tun. Als nun Leontios an Justinians Stelle (695) Kaiser geworden war, pilgerte Philippikos zu dem Inclusus. Doch dieser sprach: »Übereile Dich nicht, es wird tatsächlich geschehen.« Als dann Apsimaros Kaiser ward (698), pilgerte er nochmals zu ihm, und wiederum sagte er ihm: »Übereile Dich nicht, die Herrschaft harrt Deiner.« Doch Philippikos vertraute das Orakel einem Freunde an, und derselbe machte dem Kaiser Anzeige davon. Dieser ließ ihn geißeln und scheren und in Ketten nach Kephallenia schicken. Erst Justinian, als er zum zweiten Male Kaiser ward (705), begnadigte ihn und rief ihn aus dem Exil zurück«. Eine andere Quelle[3] erzählt, daß der Kaiser ihn wegen revolutionärer Träume habe

---

[1] Mansi XII 192.

[2] Der ihm äußerst feindlich gesinnte mönchische Geschichtschreiber gibt sogar zu: Καὶ ἐν μὲν ταῖς διαλαλιαῖς αὐτοῦ λόγιος καὶ ἐχέφρων ἐλογίζετο, setzt aber dann in der Art dieser Leute hinzu: ἐν δὲ ταῖς πράξεσιν αὐτοῦ ἀσέμνως καὶ ἀνικάνως τὸν βίον διατελῶν πάντη ἀδόκιμος ἐδείκνυτο. Theoph. 381, 28ff. Als Soldat mit der kaiserlichen Stirnbinde bekleidet, verstand er das Sparschatzsammeln so wenig, als einst Tiberios, der Nachfolger Justins II. Über fleischliche Vergehen orthodoxer Fürsten urteilen die Männer der Kirche bekanntlich ungleich nachsichtiger als über die von Haeretikern.

[3] Theophanes 372, 8.

exilieren lassen; er träumte nämlich daß sein Haupt von einem Adler beschattet werde. Justinian II., der letzte Herrscher aus dem durch Generationen schon erblich belasteten Hause des Herakleios, war nach seiner Wiederherstellung (705) in den vollendeten Cäsarenwahnsinn verfallen, der sich in einem nur mit den Greueln Iwan des Schrecklichen vergleichbaren Blutdurst und einer unersättlichen Mordlust offenbarte. Indessen die damaligen Griechen nahmen die Wahnsinnsakte des gottgesalbten Wüterichs durchaus nicht mit stummer Ergebenheit hin. Die Stadt Cherson, wo noch alter hellenischer Bürgersinn lebte und welche unter dem Wüten des wahnsinnigen Monarchen besonders schwer gelitten hatte, erhob sich; das griechische Heer, das sie bestrafen sollte, mit seinen Offizieren schloß sich jubelnd an. Unter diesen waren die fähigsten der Spatharios Elias und Philippikos Bardanes. Die Bürger von Cherson und der übrigen griechischen Kastra der Krim riefen den Philippikos als Kaiser aus. Allein Justinian spannte jeden Nerv an; eine neue Flotte fuhr nach Cherson; der ganze Belagerungsapparat des Kaiserlichen Arsenals wurde dem kommandierenden Patricius Mauros übergeben. Dieser hat mit der größten Energie die Belagerung geführt; zwei Türme waren gefallen, als die Chazaren, zu denen Philippikos geflohen war, intervenierten. Auch die neue Flotte machte ihren Frieden mit den Aufständischen; Philippikos fuhr nach Konstantinopel und rottete Justinians Geschlecht aus. So saß nun der pergamenische Armenier (711—713) auf dem Throne Konstantins. Sein erstes war die Wiederherstellung des alten Glaubens. »Zur Herrschaft gelangt, versammelte er einen Pseudosynodos von Bischöfen nach dem Worte des Pseudabbas und Inclusus und kassierte die heilige und ökumenische sechste Synode.« Die bedeutendsten Reichsbeamten und die hervorragendsten Prälaten stimmten dem Glaubenswechsel freudig bei; unter ihnen war Johannes, der bisherige χαρτοφύλαξ τοῦ οἰκονομείου, welcher an Stelle des von Justinian eingesetzten Mönches Kyros den Patriarchat erhielt[1], ebenso der heilige Ger-

[1] Ursprünglich hatte Philippikos einen energischen Anhänger seiner Glaubensansicht auf den Patriarchatsthron erheben wollen; allein der Klerus von Konstantinopel setzte die Wahl seines Chartophylax durch. Johannes selbst erzählt dies in seinem Briefe an Papst Constantinus. Ἐγκαταστῆσαι βουληθεὶς εἰς τὸν τῆς ἀρχιερωσύνης θρόνον ἄνδρα οὐκ ἐκ τοῦ ἐκκλησιαστικοῦ ἡμῶν συλλόγου τυγχάνοντα, τῆς δὲ οἰκείας ἐκ διαστρόφου γνώμης ὁμόφρονα, ὅμως τῇ τοῦ καθ᾽ ἡμᾶς εὐαγοῦς κλήρου ὁρμῇ καὶ ἐνστάσει βιασθείς, προήγαγεν ἡμᾶς οὐ προσδοκῶντας, οὐ βουλομένους, οὐκ ἀπαθῶς τε καὶ ἀβαρῶς καὶ δίχα παντὸς ὀδυρμοῦ τὸ τοιοῦτον ὑπομείναντας· πρὸς τὴν τῆς ἀρχιερωσύνης ἤχθημεν ἀξίαν καὶ κορυφήν ... ὅπερ καὶ ἐφ᾽ ἡμῖν πᾶς τις

manos, der Metropolit von Kyzikos und spätere Patriarch, ferner Andreas von Kreta, einer der gefeiertsten Kanzelredner der damaligen Epoche.

Vor seinem feierlichen Einzug in den Kaiserpalast ließ er das in der großen Vorhalle desselben befindliche Bild der heiligen sechsten ökumenischen Synode entfernen.[1] Er erklärte feierlich, vorher das kaiserliche Palais nicht betreten zu können. Ebenso ließ er die Namen der von derselben Synode verworfenen und verfluchten heiligen Kirchenlehrer, Honorius von Alt-Rom und Sergios von Neu-Rom, sowie die Namen ihrer bedeutendsten Anhänger wieder in die Diptychen eintragen und regelmäßig verkündigen. Auch ihre Bildnisse als die von Lehrern der Wahrheit wurden wieder an ihren Ort gebracht. Das von Agathons Hand geschriebene Authentikum der Synodalakten wurde nach einigem Suchen im Palastarchiv gefunden und den Flammen übergeben. Agathon erzählt von einer Verfolgung »vieler frommer und rechtgläubiger Männer«, welche der armenische Kaiser mit Exil bestrafte. Merkwürdig ist, daß er keinen einzigen Namen anzugeben weiß. Offenbar hat die große Mehrheit der asiatischen Griechen — das europäische Griechenland war großenteils slawisiert — die Maßnahmen des Kaisers mit Jubel aufgenommen; jedenfalls haben die Heiligsten und Gelehrtesten, die nachher noch eine große Rolle spielten, ihm zugestimmt, während die glorreichen Bekenner des wahren Glaubens auch nach der Herstellung der Orthodoxie im Dunkel verharrten. In entschiedene Opposition

καθορῶν — οὐ γὰρ τῶν ἐν ἱεράρχαις πρεπωδεστάτων καὶ ἁρμοδίων ἐν μελέτῃ ἦμεν ποτε, ἢ τὸ περιφανὲς ἐν ταῖς ἐκκλησιαστικαῖς κεκτημένοι ἀξίαις, μόνῃ τῇ ὑπηρεσίᾳ τῶν μυστηρίων ἀδιαλείπτως σχολάζοντες — οὐκ ἄπιστον ἡγήσεται τὸ περὶ τούτου τῆς ἡμετέρας γνώμης ἀθέλητον, αὐτὸ τὸ μαρτύριον τῆς συνειδήσεως ἡμῶν, ὅπερ καύχημα ἑαυτοῦ ὁ θεῖος ἀπόστολος διωρίσατο (II. Kor. 1, 12) προβαλλομένων ἡμῶν εἰς παράστασιν ἀληθείας τῶν ἐξ ἡμῶν λεγομένων. Mansi XII 197. Ich glaube nicht, daß Johannes geradezu gelogen hat. Er war ein ehrgeiziger und schwacher Mann, ungefähr wie Papst Vigilius. Er schämte sich nachträglich seiner Erniedrigungen und krummen Wege. Voll Entrüstung sagt er daher von Philippikos: »Als seine neue Ordnung den Umsturz aller kirchlichen Ordnung einsetzend, ging er schwanger und beeilte sich, den Basilisken zu gebären, den Sprößling der Schlange, des Bösen von Anfang an.« Solche Äußerungen waren eigentlich gegenüber dem Manne, der ihn aus dem Nichts erhoben, nicht sehr schön. Wir glauben ihm aber aufs Wort, wenn er (Mansi XII 200) berichtet, die um Philippikos hätten bereits davon gemurmelt, man müsse auch das Konzil von Chalkedon kassieren. Der Kern der damals herrschenden Monotheletenpartei waren fromme Armenier und Ostländer. Diese Offiziere mochten von Theologie wenig verstehen, aber das hatten sie mit der Muttermilch eingesogen, daß jeder Rechtgläubige die Versammlung von Chalkedon und den Tomos des Papstes Leo mit Abscheu verfluchen müsse.

[1] Für dieses und das Folgende Agathons Bericht bei Mansi XII 192.

trat nur der Westen ein.[1] »Vier Monate nach der Rückkehr des Papstes Constantin aus Griechenland erscholl die traurige Kunde, daß der allerchristlichste und orthodoxe Kaiser Justinianus ermordet worden sei. Der Ketzer Philippikos ward in der Kaiserburg gekrönt.« Aber das römische Volk, welches durch ein Bild der sechs Synoden seine Rechtgläubigkeit bewährt hatte, beschloß, keine Urkunden, die den Namen, und keine Goldstücke, die das Bildnis des Usurpators trugen, anzunehmen. Sein Name wurde bei der Messe nicht mehr genannt. Es kam zum Bürgerkriege, den erst Philippikos' Sturz beendigte.

Philippikos war ein tüchtiger Regent. Seine römisch gesinnten Landsleute, die Emigranten aus Hocharmenien, nahm er massenhaft in den Divisionsverband des Thema Armeniakon auf und siedelte sie als Grenzer in den Kleisuren Melitenes und des sechsten Armeniens an[2], um so das Reich gegen die arabischen Invasionen zu schützen. Doch das seit 20 Jahren an unaufhörliche Pronunciamentos gewöhnte Heer war nicht zu bändigen Die römischen Waffen wurden vom Unglück verfolgt. 712 fielen Amaseia und zahlreiche Burgen der pontischen Landschaft, ebenso das feste Mistheia im Thema Anatolikon in die Hände der Araber, und die Bulgaren, oder, wie man damals sagte, die Unnuguren verheerten ganz Thrake und plünderten bis vor die Thore der Hauptstadt, die Schlösser und Prachtvillen des Stadtgebietes ausraubend. Mit herrlicher Beute und zahllosen Gefangenen beladen, zogen sie ungehindert ab. Warum? Weil die meuternde Kaisergarde den Gehorsam verweigerte. Das folgende Jahr nahmen die Araber Antiocheia in Pisidien. Der unglückliche Kaiser fiel am Sabbat vor Pfingsten 713 einer Verschwörung zum Opfer, an deren Spitze zwei Divisionskommandeure (Patricii) standen, der Komes des Opsikions und der Oberbefehlshaber des Thema Thrake. Er wurde geblendet und verschwand vom Schauplatz. Der unmittelbar folgende kirchliche Umschwung und der Haß der Geistlichkeit haben aus dem tapfern und braven, den furchtbar schwierigen Verhältnissen allerdings nicht völlig gewachsenen Regenten ein Ungeheuer gemacht. Indessen eine unbefangene Prüfung wird zu einer wesentlich anderen Auffassung betreffs des vielverkannten Kaisers aus Pergamon gelangen.

[1] Gestorum pontif. Roman. vol. I ed. Th. Mommsen S. 224 ff.

[2] Bezeichnend für den hämischen Ton seiner geistlichen Berichterstatter ist Theophanes' Notiz zu 711/12 (382, 6 ff.): τούτῳ τῷ ἔτει Φιλιππικὸς τοὺς Ἀρμενίους τῆς ἑαυτοῦ γῆς ἐξελάσας (!) Μελιτηνὴν καὶ τὴν τετάρτην Ἀρμενίαν οἰκῆσαι ἠνάγκασεν.

XI. Die Expedition des Maslama und die Katastrophe von Pergamon.

Das byzantinische Reich war infolge der zwanzigjährigen Anarchie, des unaufhörlichen Regentenwechsels und der in immer neuen Pronunziamentos zum Ausdruck kommenden völligen Unbotmäßigkeit seiner Armee an den Rand des Abgrundes gekommen. Die Araber meinten nun, der Zeitpunkt sei nahe, wo das durch Bürgerkriege zerfleischte und von Thronrevolutionen zerrüttete Land eine leichte Beute ihrer Reiterscharen werden könnte. Unter der kraftvollen Regierung des Tiberios (698—705) hatte sein höchst fähiger Bruder Herakleios, dem er mit dem Range eines Feldmarschalls[1] das Oberkommando über sämtliche Reiterdivisionen des Ostens übertragen hatte, in Kappadozien den Grenzdienst überall in Ordnung gebracht und die die Pässe behütenden Grenzburgen (κλεισοῦραι) mit neuen Besatzungen versehen, um so den Arabern eine Wiederholung ihrer Razzia von 697 unmöglich zu machen. 699/700, während noch der Bürgerkrieg in Ḫorāsān wütete, durchzogen die römischen Reiterregimenter Syrien und kamen bis nach Samosata; aber im folgenden Jahr fielen wieder die Araber ins Römerreich ein und befestigten Mṣiṣ (Mompsuhestia) als Grenzburg, das von jetzt an in dem Glaubens- und Rassenkrieg eine große Rolle spielt. 701/2 hatten die Araber Armenia IV besetzt. Die armenischen Fürsten[2] riefen Rom um Hülfe gegen 'Abd-al-Maliks Feldherrn Muhamed und dessen Invasionsarmee; allein die Griechen wurden geschlagen und die armenischen Fürsten als intellektuelle Urheber des Krieges traf der ganze Grimm des arabischen Generals. Die furchtbare Katastrophe blieb lange im Gedächtnis der Griechen und Armenier haften.[3] Die armenischen Edelleute, mit Ausnahme der Fürsten, wurden in die Kathedrale von Naḫdžuan (Nakhchivan) eingeschlossen und diese angezündet. Unter lauten Gebeten hauchten die noch heute als heilige Märtyrer verehrten Unglücklichen ihre Seelen aus. Die Fürsten hatte man nur aufgespart, um ihnen unter der Folter mög-

[1] Ἡράκλειόν τε, τὸν γνήσιον αὐτοῦ ἀδελφόν, ὡς λίαν ἱκανώτατον, μονοστράτηγον πάντων τῶν ἔξω καβαλλαρικῶν θεμάτων προβαλόμενος ἐπὶ τὰ μέρη Καππαδοκίας καὶ τῶν κλεισουρῶν διατρέχειν καὶ τὴν κατ' ἐχθρῶν ποιεῖσθαι φροντίδα τε καὶ διοίκησιν ἀπέστειλεν. Theoph. 371, 9—13.

[2] Σατράπαι bei den Griechen, arm. Naḫararkh.

[3] Theophanes zum Jahre 6195 S. 372. Łevond der Priester, Ausgabe von K. Ezeanç S. 33 ff. (Übersetzt von Garabed V. Chahnazarian S. 32 ff.)

lichst hohe Loskaufsummen abzupressen; als dies erreicht war, schmückten Galgen alle benachbarten Anhöhen, an denen bald die erlauchten Sprossen der Bagratunier, Arcrunier, Amatunier und zahlreicher anderer Fürstenhäuser hingen. »Alle diese Männer verloren ihr Leben, und das Land wurde seiner Satrapen beraubt«, sagt Łevond der Priester.[1] In dieser schweren Zeit war Herakleios »der Feldmarschall« der Retter der Christen. Bereits in dem Jahre 702/3, »wo die armenischen Großen an einem Orte versammelt und bei lebendigem Leibe verbrannt wurden«[2], schlug und vernichtete Herakleios in Kilikien nach Theophanes eine gewaltige arabische Armee. Zum folgenden Jahre 6196 (= 703/4) berichtet er, daß, als die Muslimen Sis, die spätere Residenz der Rubeniden, belagerten, Herakleios einen glanzvollen Sieg erfocht. Er soll eine Armee von 12000 Arabern vernichtet haben. Es scheint, daß Theophanes dasselbe Ereignis zweimal unter verschiedenen Jahren erzählt.[3]

So derb gezüchtigt, hielten die Ungläubigen jahrelang musterhafte Ruhe. Indessen diese trefflichen Verhältnisse änderten sich, sobald der geistesgestörte Legitime[4] wieder den Thron bestieg. Sein unmenschliches Wüten hatte gerade die Armee und vor allem die mit dem Araberkrieg so vertrauten Reiterregimenter und ihr glänzendes Offizierkorps getroffen, und mit undisziplinierten Bauernhaufen konnte man der blitzschnell einbrechenden arabischen Reiterarmee nirgends standhalten. Jahr für Jahr verzeichnet nun die Chronik neue Razzias, deren Schauplatz der unglückselige Osten Kleinasiens ist. Die Verwirrung war zu groß im Romaeerreich, als daß auch Justinians Nachfolger, Philippikos, ihr hätte steuern können. Wir haben gesehen, wie unter ihm bereits eine Reihe wichtiger, schon mehr im Zentrum gelegener Punkte (Amaseia — Mistheia — Antiocheia in Pisidien) in die Gewalt »der gottgeschlagenen, ungläubigen Agarener« fallen.

Diese Razzias wurden systematisch betrieben; allen Ernstes gingen die Muslime darauf aus, den Osten, die Kraft des Reiches, wirtschaftlich

---

[1] A. a. O. S. 35, Chahnazarian S. 33.

[2] Dies ist der offenbar auf Hörensagen beruhende ungenaue griechische Bericht. Theophanes 372, 17.

[3] Theophanes 372, 23, vergl. J. Wellhausen, die Kämpfe der Araber mit den Romaeern in der Zeit der Umaijiden. Nachrichten der Königlichen Gesellschaft der Wissenschaften zu Göttingen, phil.-hist. Klasse 1901, Heft 4, S. 21 des Separatabzugs, Note 1.

[4] Justinian II. zum zweiten Male 705—711.

völlig zu ruinieren. Ein höchst anschauliches Bild von der zur förmlichen Methode ausgebildeten Betriebsweise dieser blutigen und für die Araber ergebnisreichen Raubzüge gibt uns ein Schriftsteller des folgenden Jahrhunderts: Ḳodāma ibn Ga'far al-Kātib (der Sekretär) al-Baġdādī. Sohn eines Christen, legte er das Glaubensbekenntnis in die Hände des Chalifen Muktafī (289—295 d. H. = 901/2 bis 907/8) ab und starb 337 d. H. (948/9).[1] Sein außerordentlich wertvolles, von Kremer stark benutztes und durch de Goeje[2] uns zugänglich gemachtes Werk: der Kitāb al-Ḫarāǵ »das Buch von der Besteuerung«[3] wurde bald nach 316 d. H. (928/29) von ihm verfaßt.[4] Nachdem Ḳodāma eine höchst wertvolle Übersicht der Präsenzstärke sämtlicher römischer Divisionen gegeben hat, fährt er fort[5]: »Wir wollen nun einen unserer Einfälle (Razzias) in das Feindesland beschreiben, damit sich der Leser davon eine deutliche Vorstellung machen kann. Die Kampagne, welche die größten Anforderungen an die Leistungsfähigkeit der Truppe stellt, ist nach dem Urteil aller in diesen Dingen wohlerfahrenen Grenzlandanwohner die sogenannte Frühlingskampagne. Sie beginnt am 11. Aijār (Mai), nachdem die Pferde im Frühjahr auf die Weide gelassen und wohlgenährt sind; sie dauert 30 Tage, d. h. den Rest des Aijār und zehn Tage des Ḥazīrān (Juni). Während dieser Zeitdauer trifft man im römischen Lande sehr reichliches Weidefutter an, so daß die Pferde gleichsam eine zweite Frühjahrssaison durchmachen. Bei der Rückkehr bringen die Soldaten 25 Tage, d. h. den Rest des Ḥazīrān und fünf Tage des Tammūz (Juli), damit zu, ihre Tiere zu pflegen und fettzumachen. Darauf vereinigt man sich zur Sommerkampagne, welche am 11. Tammūz beginnt und 60 Tage dauert.

Bezüglich der Winterkampagne sind alle erfahrenen Leute darin einig, daß im Falle ihrer Notwendigkeit man sich sehr hüten muß, zuweit ins

---

[1] de Goeje in dem Note 2 erwähnten Werke préface S. XXII.

[2] Bibliotheca geographorum Arabicorum, ed. M. J. de Goeje. Pars VI. Kitâb almasâlik wa'l mamâlik auctore Abu'l-Kâsim Obaidallah ibn Abdallah Ibn Khordâdhbeh; accedunt excerpta e kitâb al-Kharâdj auctore Kodâma ibn Dja'far. Lugduni-Batavorum apud E. I. Brill 1889.

[3] Genauer: »Le livre de l'impôt et de l'art du secrétaire« de Goeje, a. a. O. p. XXII.

[4] de Goejes Ausgabe basiert auf der einzigen bekannten Handschrift der Köprülü-Bibliothek in Konstantinopel, von der Schefer eine Kopie besaß und de Goeje zur Benutzung überließ. Diese Kopie hat Legationsrat Dr. Gies, erster Dragoman der Deutschen Gesandtschaft, mit dem Original noch einmal verglichen.

[5] de Goeje p. 199.

Land vorzudringen, sondern daß man sich auf eine Kampagne von 20 Tagen, Einfall und Rückzug inbegriffen, beschränken muß; so kann jeder Soldat die nötige Fourage auf sein Pferd selbst aufladen. Außerdem muß man sie in den letzten Tagen des Sabāt (Februar) und der ersten Hälfte des 'Aḏār (März) unternehmen; denn in dieser Zeit trifft man den Feind, Mannschaft und Pferde, in dem Zustande der größten Schwäche, während die Herden dort gerade sehr stark sind. Dann aber muß unsere Truppe sich mit der Heimkehr beeilen, damit sie wieder ihre Tiere auf die Weide lassen kann.«

Man sieht, mit welcher sorgfältigen Aufmerksamkeit der arabische Generalstab auf den Jahreszeitenwechsel achtgab, der in den unter verschiedenen Breitegraden gelegenen kleinasiatisch-römischen und den arabischen Landschaften (eš-Šām, al-Ǵezīre, Urdūn, Filisṭīn) ein teilweise grundverschiedener war. Im Mai und Juni, bemerkt Ḳodāma, werden in Kappadozien und Armenien Wiesen und Weiden grün; in Palästina pflegte man bereits beim Osterfest zum unblutigen Opfer reife Ähren auf den Altar zu legen.[1]

Bereits unter 'Abd-al-Maliks Sohn Walīd (705—715) hatten die Araber wieder die Offensive ergriffen. Vor allem aber sein sehr tüchtiger Nachfolger Sulaiman (715—717), ein echter Sohn Omaijas mit dem ganzen Unternehmergeist, der Energie und der Rastlosigkeit seiner altaristokratischen Familie, nahm den Glaubenskrieg wieder kraftvoll in Angriff.[2] In erster Linie suchte er die Pläne seines Großvaters aufs neue zu verwirklichen. Eine gewaltige Armada wurde ausgerüstet, damit die Belagerung »der gottbehüteten Residenzstadt« zu Wasser und zu Lande beginnen könne. Die aegyptische Flotte wurde nach Phoenizien geschickt zum Zweck, auf den dortigen Werften aus dem am Libanon gefällten Zedern- und Zypressen-

[1] Syncell. p. 273, 3.

[2] Die Genealogie der Söhne Omaijas, soweit sie für die Expedition gegen Pergamon in Betracht kommt, ist folgende:

Mu'awija,
Chalif.

Jazīd, Chalif. — Marwān, Chalif.

Marwān → 'Abd-al-Malik, Chalif.

'Abd-al-Malik → Walīd, Chalif † 715. — Sulaiman, Chalif 715—717. — Maslama.

holz neue Dromonen zu bauen. Kaiser Anastasios II., von diesen Plänen unterrichtet, gab den Karabisianen (der griechischen Flotte) Befehl, sich in Rhodos zu sammeln und von dort nach Phoenizien zu fahren, um die Arsenale und das sämtliche auf den Schiffswerften befindliche Material zu verbrennen. Aber die vornehme Gardetruppe des Opsikion, welche als Besatzungsmannschaft auf der Flotte war, hatte keinen Respekt vor dem geistlichen Admiral, dem Diakonus Johannes von der Sophienkirche; sie verhöhnte ihn als Παπᾶς Ἰωαννάκις. Als er in Rhodos vor versammeltem Kriegsrat die versiegelte kaiserliche Ordre eröffnete, kam es zu einem Pronunziamento der Gardeoffiziere; der improvisierte Admiral fiel durchs Schwert; die ganze Flotte schloß sich an. In Adramytion (Edremid) fiel ein unglücklicher Obersteuerrat Theodosios in ihre Hände; er wurde 715 sehr wider seinen Willen zum Kaiser gepreßt. Das aufständische Gardekorps, dem sich eine nur hiergenannte Brigade, die Gotthogräken[1], anschloß, gewann die Hauptstadt durch Verrat und hauste sehr übel darin. Anastasios II. dankte ab und nahm das Mönchsgewand. Indessen nur ein Jahr und drei Monate herrschte der Kaiser wider Willen. Wie einst nach Galbas Ermordung und in den Wirren nach Commodus' Tode erkannten auch diesmal die wetterfesten, wohldisziplinierten Feldregimenter die Revolution der liederlichen Gardesdukorps nicht an. Leon, der Divisionskommandeur des Thema Anatolikon und sein späterer Eidam, der Arsakidenprinz Artavasdos, der Divisionskommandeur des Thema Armeniakon, hielten vorläufig am gestürzten Kaiser fest, dem sie ihre Kommandos verdankten. In diesem überaus kritischen Momente, wahrscheinlich bereits im Sommer 715[2], unternahm Maslama (Μασαλμᾶς der Griechen), der Oberfeldherr des Chalifen, seine große Expedition gegen Konstantinopel. Er schickte seine beiden Unterfeldherren Sulaiman (Σουλεϊμάν) auf dem Landwege, Umar ibn Hubaira (Οὔμαρος) auf dem Seewege voraus, während er selbst mit einem großen Belagerungstrain langsamer nachfolgte. Sulaiman legte sich vor Amorion in Phrygien, die Hauptstadt des Thema Anatolikon, wo der Di-

---

[1] τοὺς Γοτθογραίκους Theoph. 385, 29; 386, 6.

[2] Wellhausen, a. a. O. S. 27 und 29 zeigt, daß die bisherige, auf dem schwankenden Fundament des Theophanes aufgebaute Chronologie nach den arabischen Angaben um ein Jahr verrückt werden muß. »Man darf an den ganz zuverlässig und genau überlieferten Daten für die Todesjahre der Chalifen nicht rütteln.« Demnach beginnt Maslamas Expedition bereits Sommer 715 und Leon III. wird Frühling 716 (nicht 717) zum Kaiser proklamiert.

visionskommandeur Leon seinen Sitz hatte. Dieser wurde völlig überrascht; die wichtige Festung hatte fast keine Besatzung. Der schlaue Araber begrüßte Leon als Kaiser, und die Bürgerschaft von Amorion folgte mit Begeisterung dem Beispiel der Sarazenen. Sulaiman versuchte nun mit Leon als dem anerkannten Regenten zu paktieren. Allein der schlaue Syrer durchschaute die Pläne des arabischen Generals, der unter dem Scheine der Freundschaft sich seiner Person zu bemächtigen versuchte. Er vergalt Tücke mit List, und durch überaus kluge Maßregeln und Märsche, welche der von Patriotismus glühende Chronist[1] in der rauhen Soldatensprache seiner Quelle erzählt, wußte er nicht allein eine starke Entsatzarmee in die bedrohte Reichsfestung zu werfen und alle nicht waffenfähige Bevölkerung aus dieser in Sicherheit zu bringen, sondern auch selbst nach Pisidien zu entwischen.[2] Maslama, der unterdessen ebenfalls mit dem Hauptkorps die kilikischen Pässe passiert und in Kappadozien eingebrochen war, wurde aufs höchste erbittert, als er das Mißlingen des Handstreichs auf Amorion vernahm; er versuchte mit Leon scheinbar zu paktieren; allein dieser an Schlauheit dem Araber noch überlegen, zog durch Pourparlers die Verhandlungen in die Länge. Mittlerweile war Maslama vom lykaonischen Masalaeon[3] aus über Theodosiana immer weiter im Thema Anatolikon vorgerückt. Der Futtermangel in dieser öden Gegend zwang sein ungeheures Heer, unaufhörlich seinen Standplatz zu wechseln, bis er nach Akroïnon gelangte. Inzwischen hatte sich Leon Ende 715 oder Anfang 716 durch einen Handstreich des wichtigen Nikomedeia bemächtigt, und den daselbst kommandierenden Cäsar zum Gefangenen gemacht. Theodosios, längst des Purpurs überdrüssig, hielt Rat mit dem Patriarchen und dem Senat, dankte ab und nahm mit seinem Sohne das Engelskleid. Leon III. der Isaurier wurde nun feierlich auch von der Hauptstadt als Kaiser (716—741) anerkannt.

---

[1] Theophanes 386 ff. zum Jahre 6208 (715/16). Die Quelle ist wohl in letzter Linie der Rapport der anatolischen Divisionskanzlei an die Zentralregierung über die Vorgänge bei Amorion.

[2] Ὁ δὲ στρατηγὸς Νικαίαν τὸν τουρμάρχην μετὰ ω̄ στρατιωτῶν εἰσήνεγκεν εἰς τὸ Ἀμώριον ἐκβαλὼν καὶ τὰ πλεῖστα γυναικόπαιδα. Theoph. 388, 27. ἀλλὰ καὶ χίλιοι (ist 388, 28 ω̄ aus ͵α verdorben?) ταξάτοι σὺν τῷ τουρμάρχῃ ἐκεῖ εἰσῆλθον· πᾶσαν δὲ ὕπαρξιν τῶν ἐκεῖσε καὶ τὰς ἀπόρους φαμιλίας ἐξήγαγε τῶν ἐκεῖ. Theoph. 389, 27.

[3] Μασαλαιός oder Μασαλαιών nach Ramsay, Μασαλαιόν nach de Boor, was wohl das Richtige ist. Über die Lage Ramsay, The historical geography of Asia Minor, p. 356.

Maslama, dessen Hauptplan vollkommen gescheitert war, überwinterte in Asien[1] und zwar, wie Ibn Ḫordāḏ-beh des genaueren berichtet, in Ephesos, das er also erobert hat. »Tarḳasīs (Thema Thrakesion) enthält die feste Stadt Afsīs (Ephesos) in dem Distrikt al-Awāsī, und vier andere feste Plätze. Afsīs ist die Stadt der Leute der Höhle.[2] In der Moschee[3] dieser Stadt zeigt man eine arabische Inschrift zur Erinnerung an den siegreichen Einzug Maslamas in das Land der Römer (al-Rūm).«[4]

Von hier aus bereitete er seine Expedition gegen Pergamon vor; nach verzweifelter Gegenwehr fiel die wichtige Festung in Maslamas Hände. Es wird uns schwer, uns in die von der unsrigen so grundverschiedene Denkweise der damaligen Menschheit hineinzuversetzen. Nur wenn wir nicht vergessen, daß die damaligen Romaeer in der furchtbaren, nervenzerrüttenden Aufregung einer beständigen Todesgefahr lebten, kann man die grauenhaften Vorgänge in Pergamon verstehen und demgemäß nachsichtiger beurteilen. Die damalige östliche wie westliche Christenheit lebte und webte, wie das unter den furchtbaren Ereignissen des beginnenden 8. Jahrhunderts nur zu begreiflich ist, ganz in apokalyptischen Gedanken. Mūsa hatte eben das glänzende Westgotenreich zerschmettert, und Ost-Roms gottbehütete Hauptstadt, der Sitz des christusliebenden Romaeerkaisers, schien ebenfalls in die Hände »der Söhne Belials, der gottgeschlagenen Agarener« zu fallen. Waren das nicht jene geheimnisvollen Reiterscharen, die in den letzten Zeiten vor dem Gericht vom Euphrat herkamen und Verderben über den ganzen Erdkreis brachten, wie der heilige Schutzpatron der Provinz Asia, Johannes der Theologe, mit klaren Worten geweissagt hatte? Eine Stimmung, wie die Juden zurzeit der Zerstörung Jerusalems und des heiligen Tempels, oder wie die West-Römer zurzeit der Völkerwanderung sie empfanden, hatte damals weite Kreise in Ost-Rom ergriffen. Man sah in den Ismaëliten die Vorläufer des Antichrists. Eine ähnliche hochgradige Verzweiflung hatte die Weltstadt Rom 408 ergriffen, als Alarichs wüste Gotenhaufen, Tod und Verderben drohend, vor der Mauer Aurelians sich gelagert hatten. Auch damals hatten die Bürger in ihrer Not und Ver-

[1] Ὁ δὲ Μασαλμᾶς κατελθὼν εἰς Ἀσίαν ἐκεῖ παρεχείμασεν, καὶ Οὔμαρος ἐν Κιλικίᾳ. Theoph. 390, 17.

[2] Der sieben Schläfer.

[3] Die Metropolitankirche von Ephesos, das Theologion.

[4] Bibliotheca geographorum Arabicorum ed. M. J. de Goeje VI p. 78.

zweiflung zu den heidnischen Phylakterien und Beschwörungsmitteln der schwarzen Magie gegriffen, und Papst Innocenz I. soll sein 'tolerari posse' ausgesprochen haben. So erklärt sich die Stimmung der von Gott und der Welt verlassenen Bürgerschaft von Pergamon, welche, als die zahllosen Reiterscharen Maslamas von den umliegenden Höhen sich in das Kaïkostal ergossen, von einem an Wahnsinn grenzenden patriotischen Fanatismus ergriffen ward. Mit sichtlichem Grauen meldet der sonst so kühle Chronist, der heilige Theophanes[1]: »Maslama zog nach Pergamos und lagerte sich vor der Stadt und durch Gottes Zulassung nahm er sie ein infolge von Satans Wirken. Denn auf den Rat eines Magiers hin haben die Primaten der Stadt ein schwangeres Weib, das unmittelbar vor der Geburt stand, genommen, und ihren Leib aufgeschnitten. Sie faßten das Kind, kochten es in einem Kessel, und in dieses gottverfluchte Heidenopfer tauchten alle zum Kampf begeisterten die Ärmel ihrer rechten Hand, und dadurch wurden sie den Feinden überantwortet«. Es handelt sich offenbar um ein schauerliches Opferritual, das die zum letzten Kampf sich wappnende und bereits dem Tod geweihte Streiterschar mit einer Art Berserkerwut erfüllen sollte. Da das Mittel nicht anschlug, sah der Chronist, wie üblich, in der Katastrophe von Pergamon eine göttliche Strafe für den dort verübten, namenlosen Greuel.

Neben Theophanes ausführlichem Berichte kommt der heilige Nikephoros in seiner »kurzgefaßten Chronik« noch in Betracht, der aber aus derselben Quelle mit Theophanes schöpft[2]: Ὁ δὲ τῶν Σαρακηνῶν λαὸς πλεῖστα τῶν Ῥωμαίων καθελὼν πολίσματα καταλαμβάνει τὴν Πέργαμον καλουμένην πόλιν, καὶ ἤδη τῆς πρὸς αὐτὴν πολιορκίας εἴχοντο. καὶ ταύτην αἱροῦσιν ἐξ αἰτίας τοιᾶσδε. ἔκ τινος δαιμονικῆς ἐπινοίας οἱ τῆς πόλεως ἔνδον πρωτοτόκον κόρην λαβόντες ἐγκυμονοῦσαν καὶ ἤδη πρὸς τὸ τεκεῖν ἐγγίξουσαν, καὶ ταύτην τε ἀνέτεμον καὶ τὸ ἐν αὐτῇ βρέφος ἄραντες ἐπὶ λέβητος ὕδατι ἑψοῦσιν, ἐφ' οὗ οἱ πρὸς τὸ πολεμεῖν τοῖς ἐχθροῖς παρεσκευασμένοι τὰς χειρίδας τῶν δεξιῶν χειρῶν κατεβάπτισαν. ἐκεῖθέν τε τὰ ἐξ ὀργῆς τοῦ θεοῦ κατελάμβανεν· αἱ γὰρ χεῖρες ἐφάπτεσθαι ὅπλου διείργοντο, καὶ ἀπρακτούντων οἱ πολέμιοι τὴν πόλιν εἷλον ἀμαχητί.

Um so wichtiger sind die Nachrichten der orientalischen Quellen.[3]

---

[1] Theophanes 390, 26 bis 391, 2.

[2] Nicephori breviarium S. 52, 8 de Boor.

[3] Die Sammlung der arabischen Stellen verdanke ich der Liebenswürdigkeit meines Kollegen C. Vollers. Brooks hat in sorgfältiger Weise die Stellen der arabischen Quellen

Die Syrische Chronik vom Jahr 846 meldet folgendes[1]: »And in the year 1027 Suliman assembled armies and workmen, and they went by sea and encamped in Asia; and they took two cities, Sardis (SRDI) and Pergamos (PRGM'), and other fortresses; and they killed many men and led many into captivity; and the Syrians also who there they carried away and led them go in safety.« Dieser Bericht ist wichtig, weil er allein neben Abu'l Mahāsin der Eroberung von Sardes gedenkt, und zwar geht diese zeitlich der Einnahme von Pergamon voran.

Elias von Nisibis (gest. nach 1046 n. Chr.) entnimmt seinen Bericht dem arabischen Geschichtschreiber Ḫuwārazmī (um 833 n. Chr.)[2]:

»Jahr 97; begann am Donnerstag den 5 'Īlūl, 1026 gr. Z.

In ihm zog Maslama ibn 'Abd el Melik in das Gebiet der Griechen und eroberte zwei Städte und drei Burgen.

Ḫuwarāzmī.«

Die arabische Quelle kennt natürlich nur das Jahr der Flucht. Dieses, 97 (beginnt 5. IX. 715), wird von Elias fälschlich dem Seleucidenjahr 1026 statt 1027 gleichgesetzt. Die beiden Städte sind Sardes und Pergamon.

Sodann die Araber: Ṭabarī, der älteste Zeuge, berichtet II 1236: »In dem Jahre (93) machte Maslama ibn Abdelmelik einen Einfall in das Gebiet der Byzantiner und eroberte Māsa und das eiserne Kastell, und Gazala und Bergama aus dem Bezirke von Malatia.«

Es liegt nahe, bei Māsa, welches Ṭabarī erwähnt, an Masalaion zu denken, das von Theophanes als Maslamas erste Station erwähnte Kastron.[3] Indessen diese Kombination ist unhaltbar. Der Parallelbericht des Ibn Whadich zum Jahre 93 (Brooks a. a. O. S. 193) hat Amisija; es ist also Amaseia[4], was auch Theophanes zum Jahre 6204 (= 711; A. H. 93) bestätigt: Τούτῳ τῷ ἔτει ... Μασαλμᾶς τὴν Ἀμάσειαν παρέλαβε σὺν ἄλλοις καστελλίοις καὶ πολλῇ αἰχμαλωσίᾳ .... ὁμοίως καὶ οἱ Ἄραβες τὴν Μίσθειαν παρέλαβον

über die Raubzüge der Araber gegen Kleinasien zusammengestellt. Journal of Hellenic studies 1898, S. 181 ff., vergl. 193 und 195 Vergl. auch H. Weil, Geschichte der Chalifen I, S. 567 ff. »Die arabische Überlieferung ist wie gewöhnlich nur für Namen und Zahlen zu gebrauchen.« Wellhausen a. a. O. 26.

[1] Brooks, A Syriac Chronicle of the year 846. ZDMG. 51, 1897, p. 583.

[2] F. Baethgen, Fragmente syrischer und arabischer Historiker. In Abh. f. Kunde des Morgenlandes, VIII, 3, 1884, S. 122.

[3] Theophanes 390, 1.

[4] So richtig schon Tomaschek.

καὶ ἕτερα κάστρα, πλείστων φαμιλιῶν καὶ κτηνῶν ἀναριθμήτων ἅλωσιν ποιησάμενοι. Die zweite Eroberung Maslamas nach Ṭabarī ist »das eiserne Kastell«, τὸ Σιδηροῦν κάστρον, dessen Theophanes[1] bei Sulaimans Razzia im Jahre der Welt 6230 (737/8) gedenkt. Seine Lage ist unbekannt.[2] Dazu kommt dann Gazala. Darüber bemerkt Ramsay (Asia Minor S. 323) gut: Some Mss. of the later Notitiae give four bishoprics as subject to Eukhaita, viz. Gazala, Koutziagros, Sibiktos and Bariane. Of these Gazala might perhaps be identified with Gazelon (chief town of the district Gazelonitis), which is conjecturally placed by Kiepert at Vezir Keupreu. Allein nun folgt die Eroberung von Bergama im Bezirke von Malatia (Melitene). Der Kodex liest allerdings Tergama. Da nun die irrtümliche Ansetzung im Gebiete von Malatia hinzukommt, glaubt Brooks darin ein sonst unbekanntes Kastron im östlichen Kleinasien erkennen zu müssen. Indessen Ṭabarī übergeht im Bericht des Jahres 97 auffälligerweise die Eroberung von Pergamon gänzlich mit Stillschweigen. Diese ist aber ein epochemachendes, wie wir sehen werden, selbst von Dichtern gefeiertes Ereignis. Da liegt es nahe, wie man längst gethan, in der Lesung Tergama nur eine Verwechselung der diakritischen Punkte (ت statt ﺑ) zu sehen. Ṭabarī hat demnach die Eroberung von Pergamon irrtümlich statt in das Jahr 97 in das Jahr 93 gesetzt.

An Ṭabarī reihen wir den Bericht des erst im XV. Jahrhundert blühenden Abu'l Mahāsin Ibn Tagni Bardi[3] an:

»Und in dem Jahre (97) zog Maslama Ibn ʿAbdelmelik gegen Bergamah[4] und das Kastell des Ibn ʿAuf, und er eroberte auch das eiserne Kastell und Sardes[5] und überwinterte im Lande der Byzantiner.«

---

[1] Theophanes 411, 10.

[2] Theophanes a. a. O. erwähnt, daß der heilige Eusthatios, der Sohn des Patricius Marianos, 738 weggeführt ward, der dann in Ḫarān den Märtyrertod erlitt. Sein Vater ist wohl der Strategos Marianos, welcher unter Justinian II. (vor 708/9) ein arabisches Heer zusammengehauen hatte. Theophanes 376, 31 ff. Die Kombination beider Stellen ergibt wohl, daß er πατρίκιος καὶ στρατηγός des anatolischen Themas gewesen ist, in dem Tyana belegen war. In der Gegend von Tyana, wo Marianos seinen Sieg erfochten hat, kann man vermutungsweise das eiserne Kastell suchen, das vielleicht zu des Vaters Dotation gehörte.

[3] Annales edd. F. G. Juynboll et B. F. Matthes 1852, I, p. 261, 7.

[4] Hs. ohne Punkte. Herausgeber: intelligo Pergamum.

[5] SRDA; codex A: SRṬA Vollers.

Dieser Bericht ist wichtig; er zählt — freilich in sehr verkehrter Ordnung — die einzelnen Eroberungen auf, die er einem ausführlichen, von Ṭabarī unabhängigen Rapport muß entnommen haben. Dunkel ist das Kastell des Ibn ʿAuf. Die Araber haben durch ihre regelmäßigen Frühlings- und Sommerrazzias den Osten und das Innere Kleinasiens geographisch recht genau kennen gelernt, aber dabei auch nicht nur für kleine Stationen und Weideplätze, sondern selbst für große Städte sich eine ganz neue Nomenklatur angewöhnt, die uns namentlich durch Ibn Ḫordādbehs Reiserouten bekannt geworden ist. Die Identifikation derselben mit den klassischen oder modernen Namen bereitet aber große Schwierigkeit.

Der Bericht des Ibn al-Aṯīr erwähnt Pergamon nicht, bringt aber einige neue Daten[1] (unter A H 93): »In dem Jahre zog el-Abbās ibn el Welid gegen die Byzantiner und eroberte Sebastia und die Merzabanein und Ṭarsūs . . . ., und im gleichen Jahre zog auch Maslama gegen die Byzantiner und eroberte Māsīsa und das eiserne Kastell und Ġazāla zum Bezirk Malaṭia gehörig.« Ibn al-Aṯīr hat Ṭabarī nicht ganz einwandsfrei ausgeschrieben.[2] Unter A H 97 dagegen berichtet er[3]: »In dem Jahre rüstete Sulaiman ibn ʿAbdelmalik die Truppen gegen Konstantinopel und machte zum Oberbefehlshaber über die Sommertruppe seinen Sohn Da'ud, und er eroberte »das Kastell der Frau«. Und Maslama zog gegen das Gebiet der Waḏḏāḥīja und eroberte das Kastell, welches (schon) el-Waḏḏāḥ erobert hatte. Und in demselben Jahre zog ʿUmar ibn Hubaira zu Wasser gegen die Byzantiner und überwinterte daselbst.«

Aus Ibn al-Aṯīr erfahren wir von einem auch von Ṭabarī erwähnten Zug el-Abbās ibn el-Welid gegen Sebasteia. Die Erwähnung von Ṭarsūs zeigt, daß es sich nicht um Sebasteia (Sīwas), sondern um Sebaste (Olbe) in Kilikia I handelt.[4] Wahrscheinlich ist es der von Theophanes[5] erwähnte

---

[1] Ibn El-Athiri Chronicon ed. C. J. Tornberg, vol. IV (1870), p. 457.

[2] Zu Māsīsa bemerkt Vollers: »Anders geschrieben als Maṣṣīṣa = Mopsuhestia.« Dieses ist المصّيصة; dagegen Masīsa scheint aus Māsa des Ṭabarī = Ἀμάσεια verschrieben.

[3] A. a. O. V (1871) 17.

[4] Ibn Ḫordāḏbeh S. 89 erwähnt unter den zerstörten römischen Städten in Kilikien: Sabastia (سبسطية) à 4 milles d'Iskandarrya (اسكندرية).

[5] S. 377, 16.

Zug, der nach ihm in A. M. 6202 (= 709/10) fällt. Allein der Ansatz Ibn al-Atīrs wird durch Ṭabarī bestätigt.

Zum Schluß gebe ich noch die Notiz des zum Islam übergetretenen Griechen Hyakinthos (Jāḳūt): »BRǴMH (= Berǵama), ein Kastell der Rūm, erwähnt in den Dichtungen des Ǵarīr.«[1]

Ǵarīr, der Dichter, ist Zeitgenosse des Zuges gegen Pergamon. Er starb im Jahre d. H. 110 (= 728/9). Leider sind seine Werke noch nicht veröffentlicht.[2] Ich schrieb deshalb an M. J. de Goeje, und mit der diesen Forscher charakterisierenden großen Liebenswürdigkeit antwortete er mir[3]: »Ich habe unsere schöne Handschrift des Diwân von Djarîr durchgesehen, doch leider ohne Resultat. Daraus folgt aber keineswegs, daß Jâcûts Angabe nicht richtig sein sollte, da der Diwân gewiß nur einen Teil von Djarîrs Gedichten enthält. Ibn Tâdj al-arûs hat dieselbe Notiz wie Jâcût, wahrscheinlich diesem entnommen. Sonst finde ich sie nirgends.«

XIa. Das Datum der Eroberung von Pergamon.

Nachdem wir nun die Berichte im einzelnen betrachtet haben, muß noch ein wichtiger Punkt zur Entscheidung gebracht werden, die Chronologie.

1. Theophanes setzt die Eroberung von Pergamon in das Weltjahr 6208.

Theophanes rechnet, wie sein hochverehrter Freund Georgios Synkellos, nach dem Komputus des Annianos von Alexandrien, nur daß er das Jahr nicht mit dem 1. Nīsan (25. März), sondern nach byzantinischer Weise mit dem 1. September beginnen läßt.

6208 ist demnach annianisch: 25. März 716 bis 24. März 717,
nach Theophanes: 1. September 715 bis 31. August 716.

Nun stimmt freilich bei Theophanes die Gleichung nicht immer; indessen für die für uns allein in Frage kommende Zeitperiode 710 bis 720 scheint die Sache sicher gestellt zu sein. Die Rechnung findet nämlich Bestätigung durch ein zeitgenössisches Zeugnis. Agathon der Diakon setzt den Sturz des Kaisers Philippikos Bardanes in die XI. Indiktion am Sabbat

---

[1] Jâcûts geographisches Wörterbuch ed. H. Wüstenfeld I, 550, 13.
[2] Bemerkung von Vollers.
[3] 5. VI. 1899.

vor Pfingsten = 4. Juni 713. Theophanes setzt dasselbe Ereignis in das Weltjahr 6205 = 712/3. Wie man sieht, stimmen Agathon und Theophanes aufs schönste überein.

Ferner hat Wellhausen[1] folgende Gleichungen hergestellt:

A. M. 6207	Sel. 1026	A. H. 96 =	714/5	XIV Ind.
A. M. 6208	Sel. 1027	A. H. 97 =	715/6	XV Ind.
A. M. 6209	Sel. 1028	A. H. 98 =	716/7	I Ind.

Das ergibt des weiteren das wichtige Resultat, daß Leon III. bereits Frühjahr 716, im Jahre der Erstürmung von Pergamon, den Thron bestieg. Auch Theophanes[2] setzt seinen Regierungsantritt in dieses Jahr.

Mit Theophanes stimmen überein die Syrische Chronik vom Jahre 846 (Sel. 1027), Ḫuwarāzmī (A. H. 97) und Abu'l Mahasīn (A. H. 97), der Maslamas Expedition gleichfalls in A. H. 97 setzt.

2. Ṭabarī verlegt die Eroberung von Pergamon irrtümlich bereits in Maslamas ersten Zug 93 d. H. (= 711/12) statt in 97 d. H. (= 715/16).

Über das Schicksal der Stadt sprechen sich die griechischen wie die arabischen Berichte nicht mit der uns wünschenswerten Deutlichkeit aus. Denken wir uns aber, daß die letzten Desperados, mit blutgefärbter Rechte und wildem Geschrei auf die Ungläubigen eindringend, schließlich nach tapferer Gegenwehr und nach Tötung unzähliger Feinde »dem gerechten Gerichte Gottes überantwortet wurden«, dann muß das Schicksal von Pergamon ein fürchterliches gewesen sein. War auch der Glanz und die hohe Bevölkerungsziffer, wie wir sie durch Galen für das 2. Jahrhundert kennen, sicher bereits zurückgegangen, immer war es noch eine der blühendsten, volkreichsten und bedeutendsten Städte des Reiches. Seit Gaïnas Erhebung, die obendrein Pergamon nur sehr oberflächlich wird gestreift haben, hatte die Stadt eines vierhundertjährigen Friedens genossen. Nun war sie plötzlich auf Gnade und Ungnade einem erbarmungslosen Barbarenhaufen ausgeliefert, der den Dschihat als Religionsgesetz und die Ausrottung der Ungläubigen mit dem Schwerte als eine höchst verdienstliche Handlung betrachtete. Zweifellos wurde die männliche Bevölkerung, soweit sie in die Hände der Muslime fiel, mit der Schärfe des Schwertes getroffen;

---

[1] Die Kämpfe der Araber mit den Romäern in der Zeit der Umaijiden a. a. O. S. 26 ff.
[2] Theophanes 390, 24.

Weiber und Kinder wurden in die Sklaverei verkauft, um nach den Harems von Damaskos und Kūfā gesandt zu werden. Eine der glänzendsten Perlen aus Hellas' königlicher Stirnbinde war ausgetilgt. Es war eine Katastrophe, wie sie einst Olynthos durch die Makedonier, wie sie das gastfreundliche Korinth durch Mummius' rauhe Hand getroffen hatte. Als die Araber abzogen, fanden die unglücklichen Hellenen einen menschenleeren, rauchenden Trümmerhaufen.

Aber an den Abzug dachte Maslama noch lange nicht. Von seinem Hauptquartier in Ephesos aus erwartete er die Vorschläge des neuen Kaisers, des großen Reichsretters Leon III. des Isauriers (716—741).

XII. Leon III. der Isaurier als Reichsretter und Organisator.

Leon, als er März 716 vom heiligen Germanos sich salben und die kaiserliche Stirnbinde um sein Haupt legen ließ, hatte wahrlich nicht aus brennendem Ehrgeiz, sondern lediglich aus ehernem Pflichtgefühl gehandelt. Er gehört zu jenen heroischen Naturen in der Weltgeschichte, welche uns klar machen, daß der Fortschritt in der Entwickelung der Menschheit nicht durch allgemeine Zustände, äußere Verhältnisse und die Welt- und Lebensanschauung der Zeitgenossen, sondern in erster Linie durch gewaltige, imponierende Persönlichkeiten, durch geniale Übermenschen angebahnt wird. Leon steht in einer Reihe mit Claudius Goticus, Probus, Diokletian, Konstantin. Sein einziges Ziel war Erfüllung seiner Regentenpflicht. Ob er weiterlebte, daran lag ihm gar nichts. Schwächliche Transaktionen, wie sie der moderne Mensch liebt, kannten diese antiken Riesennaturen nicht. Kaiser zu sein, war damals keine Sinekure, sondern eine furchtbare Last, die jeden das gewöhnliche Niveau nicht weit überragenden Herrscher einfach zermalmen mußte. Wie trat Leon die Hinterlassenschaft seiner Vorgänger an? Die Bulgaren tobten bis vor die Mauern der Hauptstadt.[1] Ganz Asien war von den Muslimen besetzt. Ein Heer, dessen Scharen nicht zu zählen waren, und eine Armada von 1800 Linienschiffen (Dromonen) schickten sich an, die gottbehütete Kaiserstadt zu Wasser und zu Lande einzuschließen. Und was hatte Leon diesen furchtbaren Veranstaltungen entgegenzustellen? Ein

[1] Selbst die belagernden Araber, nach der syrischen Chronik 'Ubaida, nach Michael Syrus Maslama, bekamen ihre kriegerische Obmacht zu fühlen. ZDMG. 1897, S. 583.

Heer und eine Flotte, welche durch zwanzigjährige Anarchie und unaufhörliche Pronunziamentos völlig aus Rand und Band geraten waren. Nur ein gottbegnadeter und von der göttlichen Vorsehung geleiteter Genius konnte es wagen, nicht zu verzweifeln, sondern furchtlos einem solchen Angriff die Stirne zu bieten. Einen zuverlässigen Kern besaß Leon. Das waren die Regimenter der anatolischen und der armenischen Division; der Kommandeur der letzteren, Artavasdos, war ihm mit Leib und Seele ergeben. Ein Enthusiasmus, wie er uns nur aus den Berichten der Gesta Dei per Francos entgegenleuchtet, hatte damals das christliche Heer und seine Generale ergriffen. Als die Araber die Hauptstadt zu Wasser und zu Lande einschlossen, kannten die Verteidiger keine Furcht. Sie glaubten fest, daß ihre Sache die Sache Gottes sei, und darum könne sie nicht untergehen. Und war denn diese Anschauung der damaligen Menschen nur ein bemitleidenswerter Irrtum? Es ist hier nicht der Ort, die prachtvolle, plastisch anschauliche Schilderung des Theophanes von diesem gewaltigen Ringen zu Wasser und zu Lande wiederzugeben. Mit beispielloser Hartnäckigkeit harrten die Araber ein ganzes Jahr aus.[1] Weder das griechische Feuer, das unter ihren Dromonen furchtbare Verheerungen anrichtete, noch ein ungewöhnlich harter und in Thrake unerhörter Winter, der den sonnenverbrannten Söhnen von Hedjas und eš-Šām das neue Schauspiel eines 100 Tage liegenden Schnees bot, vermochten sie zum Rückzug zu veranlassen. Im Gegenteil, als der Frühling die Meere öffnete, erschien Abu Sofian mit der ägyptischen Flotte zur Verstärkung und Jezid mit der afrikanischen. »Aber durch Gottes Walten auf die Fürbitte der unbefleckten Gottesmutter hin wurden die Feinde an Ort und Stelle der Tiefe anheimgegeben; die unsrigen dagegen sammelten die Rüstungen und die Beutestücke und kehrten siegreich in jubelnder Freude heim . . . und wie die gut Unterrichteten uns erzählen, wurden 22000 Araber zusammengehauen, . . . so daß alle durch die Tat erkannten, daß Gott und die allerheiligste Jungfrau und Gottesmutter diese Stadt und die Königsburg der Christen behüten, und daß Gott niemals völlig verläßt die, welche in Wahrheit ihn anrufen, wenn wir auch eine kleine Zeit gezüchtigt werden um unserer Sünden

---

[1] Nach Theophanes erschien Maslama am 15. August 716 vor der Stadt; Sulaiman mit der Flotte folgte am 1. September und starb 8. Oktober. Seine Stelle nahm ʿUmar b. Hubaira ein. 15. August 717 wurde die Belagerung aufgehoben.

willen.«[1] Der herrliche Akathistoshymnos, den die orthodoxe Kirche noch alljährlich am geweihten Festtage singt, feiert gemeinsam die gewaltigen Gesta Dei per Graecos, die Taten des Herakleios, des Konstantinos Pogonatos und Leons des Isauriers, die Konstantinopel aus dreimaliger Todesnot in dem festen Glauben an die göttliche Hülfe gerettet haben.[2]

Das arabische Heer, soweit es nicht der Hunger[3] und das Schwert vernichtet hatte, war in die Heimat zurückgeflohen. Leon hatte das Reich gerettet. Aber er war ein Kaiser über Ruinen. Die rauchenden Trümmerstätten von Pergamon, Ephesos usw. zeigten, wie sehr das Reich gelitten. Es glich dem Deutschen Reiche nach dem Dreißigjährigen Krieg. Indessen Leon war nicht allein ein heldenhafter, siegreicher Feldherr, er war auch ein ganz hervorragender Organisator, eine staatsmännische Kapazität ersten Ranges. Seine uns noch erhaltene Gesetzgebung verstand es, die dem Reiche geschlagenen Wunden zu heilen. Eine systematische Kolonisation bevölkerte die verödeten Länderstrecken. Die Verbesserung der Lage der bäuerlichen Bevölkerung wurde durch diese Gesetzgebung bezweckt und erreicht. Die Kirchenverfassung wurde neu geregelt und den Bedürfnissen des Staates — allerdings zum lebhaften Mißvergnügen von Alt-Rom — in einer für alle Jahrhunderte mustergültigen Weise anbequemt. Vor allem wichtig ist aber seine Reorganisation der Militär- und Zivilverwaltung. Der unvergleichliche Generalstab und die tapferen Offiziere und Kavalleristen der Grenzregimenter haben das Reich gerettet; Leon tat den bedeutsamen Schritt, daß er in die Hände dieser Reichsretter die gesamte militärische und bürgerliche Verwaltung vereinigt legte.

---

[1] Vergl. Theophanes ad a. 6209 S. 395—398.

[2] Für die Geschichte von Pergamon habe ich absichtlich folgende Notiz des Theophanes (411, 2—8) *nicht* verwandt: τούτῳ τῷ ἔτει Σουλεϊμάν, ὁ υἱὸς Ἰσάμ, αἰχμαλωτεύσας πολλοὺς ἐξ Ἀσίας συνηχμαλώτευσε καί τινα Περγαμηνόν, ὃς ἔλεγεν ἑαυτὸν Τιβέριον υἱὸν εἶναι Ἰουστινιανοῦ. τοῦτον Ἰσὰμ εἰς τιμὴν τοῦ ἰδίου παιδὸς καὶ τῶν βασιλέων ἐκφόβησιν μετὰ τῆς ἁρμοζούσης βασιλικῆς τιμῆς καὶ στρατευμάτων καὶ βάνδων καὶ σκήπτρων εἰς Ἱερουσαλὴμ ἐκπέμπει, καὶ ὅλην τὴν Συρίαν περιάγειν κελεύει μετὰ πολλῆς τιμῆς πρὸς θέαν πάντων καὶ κατάπληξιν. Dieser Kronprätendent ist nicht etwa ein Bürger von Pergamon, sondern er heißt Pergamenos. Der Name kommt auch sonst vor, z. B. Ioann. Cantacuz. hist. III, S. 276, 6: Περγαμηνός δέ τις τῶν Τενεδίων ὁ μάλιστα δυνατώτατος. Er gehört in eine Kategorie mit Namen, wie Athenaios, Abydenos usw.

[3] »Eine gewaltige Hungersnot brach unter den Arabern aus; sie verzehrten ihre verendeten Zugtiere, Rosse, Esel und Kamele. Einige berichten, daß sie auch tote Menschen und den eigenen Mist in die Bratöfen legten, abkochten und verzehrten.« Theophanes 397, 23—26.

Längst waren, wie wir gesehen, die Zivilbeamten in die zweite Rangklasse hinabgedrückt worden. Der unbestritten erste Stand — natürlich nach der Geistlichkeit — war die glänzende Generalität des Reiches, die Feldmarschälle in der Residenz und die Kommandeure der einzelnen Divisionen des Ostens und des Westens. Auf diese Divisionskommandeure übertrug nun Leon die gesamte Zivilverwaltung. An die Stelle der alten Provinzen, wie sie die Ordnung Diokletians und Konstantins festgesetzt hatte, traten nun die Bezirke der einzelnen Armeekorps. Das Wort »Thema«, welches bis dahin nur die Bedeutung Divisionsbezirk hatte, ist nun zugleich die Benennung für die einzelnen Provinzen, weil einfach unter völliger Aufhebung der alten Provinzialordnung nun die militärischen Aushebungsbezirke gleichzeitig bürgerliche Provinzen werden. Der Divisionskommandeur (CTPATHΓÓC) versieht nicht nur die Funktionen des alten Zivilbeamten (praeses, consularis); er ist tatsächlich auch der Oberpräsident der Provinz, der Brigadekommandeur (Turmarches) ist gleichzeitig Regierungspräsident, der Bataillonskommandeur (Drungarios) Landrat usw. Juristisch geschulte Bureaukraten meinen, daß damit die Welt ins Chaos zurückgesunken sei; in Wahrheit ist das Gegenteil der Fall. Das oströmische Reich ist nie besser regiert worden als in den drei folgenden Jahrhunderten, wo das personifizierte Säbelregiment unbedingt gebot. Wie man nach außen glücklich kämpfte, so herrschte auch im Innern musterhafte Ordnung. Der untrügliche Gradmesser eines wohlgeordneten Staatswesens, der Staatskredit, stand ganz fest. Der Kurs des »Byzantiners«, des konstantinischen Solidus, blieb durch die ganze Reihe der Jahrhunderte bis in die Komnenenzeit derselbe. Der Byzantiner beherrschte den Weltmarkt; mit Neid und Bewunderung blickten die armen Nationen des Westens und des Nordens und ebenso die Muslime Asiens auf das gottbehütete Imperium der Romaeer, dessen Seidenindustrie das Geld aller Länder bei sich ansammelte, und dessen hohe Kultur wie seine treffliche Wehrverfassung es noch immer zum ersten Reiche der damaligen Welt machten.

Wir müssen hier nur kurz die Themenordnung Asiens betrachten. Die östliche Reichshälfte zerfiel in drei Armeebezirke: Opsikion, Anatolikon, Armeniakon.

Diese ungeheuren Kommandos hat Leon mit klugem Scharfblick einigermaßen reduziert. Vor allem trafen seine Maßregeln die unbotmäßige Gardetruppe des gottbehüteten Opsikion. Dessen östliche Hälfte wurde losgerissen und daraus das Thema Bukellarion formiert; aber auch das Thema Anatolikon wurde halbiert, und der ganze Westen: Aeolis, Lydien, Ionien und Karien bis an den Maeandros bildeten das neue Thema Thrakesion, so benannt von der thrakischen Brigade (Turma), welche in Ephesos ihr Hauptquartier gehabt hatte. Möglich ist, daß schon damals auch Chaldia — die Ostküste des Schwarzen Meeres von Trapezunt bis Phasis — vom Thema Armeniakon abgezweigt wurde. Dagegen die Kleisurarchien Seleukia, Kappadokia und Charsianon, und ebenso Paphlagonien und Optimaton scheinen erst von den Nachfolgern Leons zu selbständigen Divisionskommandos erhoben worden zu sein. Ibn Ḫordāḏbehs Reichsbeschreibung nämlich, die älteste, die wir besitzen, ist erst unter Michael III., dem Trunkenbold, im Jahre 847/8 (d. H. 233) abgefaßt worden. Sie hat also, wenn wir uns über Leons Einrichtungen unterrichten wollen, für uns genau denselben relativen Wert, welchen die Notitia dignitatum für die diokletianisch-konstantinische Epoche besitzt.

Die Themen des Ostens waren aller Wahrscheinlichkeit nach gemäß Leons neuer Reichsordnung folgende:

1. das gottbehütete Opsikion: Hauptstadt Nikäa,
2. das Thema Bukellarion: Hauptstadt Ankyra,
3. das Thema Anatolikon mit der Kleisurarchie Seleukeia: Hauptstadt Amorion,
4. das Thema Thrakesion: Hauptstadt Ephesos,
5. das Thema Armeniakon mit der Kleisurarchie Charsianon: Hauptstadt Koloneia,
6. das Thema Chaldia: Hauptstadt Trapezus(?).

An der Spitze jedes Themas steht der Divisionskommandeur und Oberpräsident, ὁ πατρίκιος καὶ στρατηγός oder auch nur ὁ στρατηγός. Dies ist ein Unterschied von Bedeutung; denn die Abstufungen der Rangklassen wurden in Byzanz mit genau demselben würdevollen Ernste beobachtet und innegehalten, wie von unserer heutigen militärischen und zivilen Bureaukratie.

Die Strategen, welche Patricius hießen, hatten den Exzellenzcharakter, die anderen nicht; diese waren Kommandeure zweiter Klasse. Es gab nun Provinzen, die für so vornehm galten, daß dem Divisionskommandeur an und für sich das Prädikat Exzellenz (Patricius) zukam. Solcher gab es in den »jenseitigen Gouvernements« (περατικὰ θέματα) nach Ibn Ḫordāḏbeh[1] drei: der Baṭrīḳ von ʿAmmūria, der Baṭrīḳ von Anḳira, der Baṭrīḳ von al-Arminiāḳ. Amorion und Ankyra sind die Metropolen der Themen Anatolikon und Bukellarion. Wir sehen demnach, daß die beiden von alters her bestehenden Themen Anatolikon und Armeniakon als die vornehmsten galten; ihnen inhärierte der Exzellenzcharakter, und ebenso dem von Leon neu geschaffenen Thema Bukellarion. Dagegen der Kommandeur der jenseits des Sunds garnisonierten Gardetruppen (κόμης τοῦ Ὀψικίου) hat zwar das Prädikat Exzellenz (Patricius) nahezu regelmäßig in der vorleoninischen Epoche; später kommt das in Wegfall. Das ist deutlich Degradierung dieser Garderegimenter. Leon hatte dazu um so mehr Anlaß, als die Division Opsikion neben der Flotte sich am eifrigsten in der Anarchieperiode an den üblichen Kaiserpronunziamentos beteiligt hatte. Anders ist der Fall mit Thrakesion. Das ist eine durch Loyalität ausgezeichnete Division. Sie und die Division Anatolikon haben nach Leons Tode, als Artavasdos den Thron usurpierte, der syrischen Dynastie durch ihre Treue denselben erhalten. Es kommen unter den thrakesischen Strategen mehrfach Patrizier vor; aber, wie uns Ibn Ḫordāḏbeh lehrt, das Prädikat war nicht ohne weiteres mit dem Divisionskommando verbunden. Der berühmteste der thrakesischen Strategen, Michael Lachanodrakon, der berüchtigte Kulturkämpfer, scheint nicht Exzellenz gewesen zu sein. Das ist nicht so geringfügig, wie es auf den ersten Blick erscheint; denn ein Strategos erster Klasse (Patricius) hatte höhere Bezüge; er empfing vierzig Pfund Goldes[2] (36547.20 Mark), während ein Strategos zweiter Klasse nur 36 Pfund (32892.48 Mark) empfing. Dies also waren auch die Bezüge des Divisionskommandeurs von Thrakesion und Oberpräsidenten von Asien. Ḳodāma ibn Ǵaʿfar aus Baǵdād[3] gibt in seinem Ḳitāb al-Ḫarāǵ die Präsenzstärke der einzelnen Divisionen an; unter dem Strategen von Thrakesion standen nach ihm 6000 Mann, wenn die Zahl richtig überliefert ist.

---

[1] Ibn Khordâdhbeh ed. de Goeje S. ٦٠٩ (80 d. Übers.).

[2] Ibn Khordâdhbeh S. 84.

[3] Bei de Goeje, a. a. O. S. 198.

XIII. Pergamon der älteren byzantinischen Periode.

Was nun speziell die Provinz Thrakesion betrifft, zu der Pergamon gehörte, so sind wir über ihre Organisation genau unterrichtet, da Kaiser Konstantinos Porphyrogennetos (911—947) in seiner nach Themen geordneten Reichsbeschreibung uns eine Aufzählung der Städte Asiens gibt. Asien ist aber hier nicht im technischen Sinne zu verstehen als die Provinz Asia Diokletians; denn es werden Städte Lydiens, Kariens und von Phrygia I aufgezählt. Es sind einfach die Städte des Thema Thrakesion.[1] Wenn Konstantin dafür Asia sagt, so folgt er zweifellos dem gemeinen Sprachgebrauch, der z. B. noch im 7. Jahrhundert nicht Ober-Libyen, sondern nach altem Brauche Pentapolis sagte, wie die Akten des heiligen Maximos und der Chronist Johannes Niķiū beweisen. So wird man auch im gemeinen Leben während des 9. und 10. Jahrhunderts für Thrakesion einfach Asia gesagt haben. Der Kaiser also berichtet[2]:

Εἰσὶ δὲ πόλεις περὶ τὴν Ἀσίαν κα·

ā	μὲν	Ἔφεσος.	ῑγ	Λαοδίκεια.
β̄	δὲ	Σμύρνα.	ῑδ	Νύσσα.
γ̄		Σάρδεις.	ῑε	Στρατονίκεια.
δ̄		Μίλητος.	ῑϛ	Ἀλάβανδα.
ε̄		Πριήνη.	ῑζ	Ἄλινδα.
ϛ̄		Κολοφών.	ῑη	Μύρινα.
ζ̄		Θυάτειρα.	ῑθ	Τέως.
η̄		τὸ Πέργαμον.	κ̄	Λέβεδος.
θ̄		Μαγνησία.	κᾱ	Φιλαδέλφεια,
ῑ		Τράλλεις.		καὶ ἄλλαι τινές.
ιᾱ		Ἱεράπολις.		καὶ ταῦτα μὲν περὶ τούτων.
ιβ̄		Κολόσσαι,		

αἱ νῦν λεγόμεναι Χῶναι, οὗ ἔστι ναὸς διαβόητος τοῦ ἀρχαγγέλου Μιχαήλ.

---

[1] Ὅλον δὲ τὸ τῶν Θρᾳκησίων θέμα ἐκ γενῶν συνίσταται τοιῶνδε, Λυδῶν Μαιόνων Καρῶν Ἰώνων· καὶ Ἴωνες μὲν καλοῦνται οἱ κατοικοῦντες Μίλητόν τε καὶ Ἔφεσον, οἱ δὲ τὸ μεσόγαιον Σαρδιανοὶ Λυδοί τε καὶ Μαίονες καὶ Κᾶρες καὶ οἱ τῆς μικρᾶς Φρυγίας οἰκήτορες καὶ οὕτως μὲν οἱ Θρᾳκήσιοι.

[2] de Them. I 24, 5—13.

Diese Aufzählung der thrakesischen Städte ist außerordentlich wichtig. Die altrömische Ordnung, daß jede Provinz in Stadtbezirke (bez. ῥεγεῶνες, σάλτοι, selbständige κῶμαι) zerfiel, ist auch von den Organisatoren der Themenordnung festgehalten worden. Jedes Thema hat seine Metropolis (Medīna bei den Arabern) und zerfällt in Stadtbezirke; es werden zwei Klassen unterschieden (πόλεις ἐπίσημοι[1] und κάστρα oder, wie der gebildete Ausdruck lautet, φρούρια). Ibn Ḫordāḏbeh wirft übrigens beide Klassen unterschiedlos unter der Bezeichnung al-Ḥiṣn (Plur. Ḥaṣūn) zusammen; dagegen Konstantinos zählt in der Regel nur die erste Klasse auf; der Kastra gedenkt er nur gelegentlich.[2] Die 21 von Konstantin aufgezählten Städte sind die πόλεις ἐπίσημοι; er erwähnt zum Schluß noch »einige andere«; offenbar sind das die Kastra zweiter Güte, deren Namen er nicht für wert hält, im kaiserlichen Handbuch verewigt zu werden. Sonderbar ist, daß Ibn Ḫordāḏbeh in Tarḳasīs (Thrakesion) neben Afsīs (Ephesos) nur noch vier feste Plätze erwähnt, wahrscheinlich die alten Metropolen, wie Smyrna und Sardes. Wer die beiden anderen gewesen — man denkt in erster Linie an Pergamon und Magnesia — wage ich nicht mit Sicherheit zu bestimmen. Das oben angeführte Städteverzeichnis gehört nicht Konstantinos' Zeit an, sondern ist einer älteren Notitia entnommen. Seit 890 war nämlich, wie wir sehen werden, der Umfang des Thema Thrakesion stark reduziert worden; hier steht es noch in seiner vollen Glorie da.

Wie die Einzelnamen beweisen, ist keine geographische Reihenfolge innegehalten. Die Namen gehen, was ihre Lage betrifft, bunt durcheinander. Es ist einfach die offizielle Rangordnung der Städte für ihre Zivilverhältnisse, wie ähnlich die Taktika ihnen ihren (streng bestimmten) Platz in kirchlicher Beziehung anweisen. Da ist es nun sehr bemerkenswert, daß Pergamon erst den achten Platz erhält hinter Thyateira, das immer ein volkreicher Platz war, aber an Pergamon nicht entfernt hinanreichte und ebenso hinter Miletos und sogar hinter Priene, das Bistum war, und offenbar nach dieser Rangstellung im 8. und 9. Jahrhundert nicht ganz unbedeutend muß gewesen sein. Der niedrige Rang von Pergamon ist

---

[1] Πόλεις ἐπίσημοι ist der gewöhnliche Ausdruck, offenbar die vox sollemnis, die kanzleigerechte Bezeichnung (vergl. Them. 20, 19; 26, 2; 27, 5; 30, 3); daneben sagt er auch einfach πόλεις 21, 3; 24, 5 oder belehrend: πόλεις αἱ συμπληροῦσαι τὸ θέμα 28, 20.

[2] So sagt er (Them. 19, 20) von Kleinkappadozien: Καταλήγει δὲ πρὸς ἀνατολὰς μέχρις αὐτῆς Ῥοδεντοῦ καὶ τοῦ φρουρίου τοῦ καλουμένου Λούλου καὶ αὐτῆς Ποδενδοῦ.

aber der sichere Beweis, daß die Eroberung und Verwüstung durch Maslama der ersten Stadt Asiens einen tödlichen Schlag beigebracht hat, von der sie sich nie vollständig erholt hat.

Wir können nun eine zweifache Reduktion des Umfangs von Pergamon nachweisen.[1] »In der späteren Kaiserzeit entstand, etwa wie die Aurelianische Mauer Roms, ein starker Quadermauerzug, der in seinem Verlaufe so ziemlich der Mauer entsprach, die wir Attalos I. zuschreiben wollten, nur mit einer erheblichen Erweiterung im Süden, indem er die Terrasse des Gymnasiums einbezog. Ein solcher fester Baukörper lud, wie einmal z. B. auch das Herodestheater in Athen, dazu ein, ihn für die Befestigung zu benutzen.« Es hat sich also hier derselbe Vorgang wiederholt wie in Alexandrien, wo nach dem Wüten Diokletians und nachher der verschiedenen christlichen Parteien gleichfalls eine Reduktion des alten Stadtweichbildes stattfand.[2] Diese spätere Stadt, immer noch ein stolzes und volkreiches Pergamon, bestand bis zur Zeit des arabischen Einbruchs 715. Wir wissen, wie verzweifelt die Bürgerschaft sich gegen die muslimischen Eroberer wehrte. A. Conze nimmt an, daß damals zur Abwehr derselben mit größter Eilfertigkeit und unglaublicher Energie das neue Fortifikationssystem der sogenannten byzantinischen Mauer errichtet wurde: »Wir können ... sagen, daß Pergamon mit einer gewaltsamen, aber rasch vorübergehenden Unterbrechung bis in das 14. Jahrhundert christlich, byzantinisch geblieben ist. Die Unterbrechung fällt in das Jahr 715 n. Chr., als die Araber unter Maslama nach einer auf das alleräußerste verzweifelten Gegenwehr die Stadt nahmen. Es hat am meisten Wahrscheinlichkeit, daß damals die von uns kurz so genannte byzantinische Mauer ... entstand.«[3] »Wieder waren für ihren Verlauf neben der Bodengestaltung die starken Baukörper älterer Zeit, die man benutzte, maßgebend. Dieselbe folgte im Süden dem Umrisse des hochaufgemauerten Marktes der Königszeit. Um sie in ihrer etwa 4^{m} messenden Dicke aufzuführen, wurden, ein Zeichen der Zeit, die Marmorwerkstücke der nahegelegenen Prachtbauten der Kö-

---

[1] Für das Folgende vergleiche A. Conze, Pro Pergamo, Vortrag, gehalten in der Berl. Arch. Gesellschaft, 9. Dezember 1897. Berlin 1898, S. 17 ff.

[2] Dieses spätrömische bez. frühbyzantinische Stadtbild von Alexandrien ist uns durch das Buch von Neroutsos-bey und Kiepert bekannt geworden.

[3] A. Conze, Die Kleinfunde aus Pergamon. Abhandl. der Königl. Preußischen Akademie der Wissenschaften vom Jahre 1902. 1903 S. 26.

nige, providentiell unter anderen die des großen Altars, verwendet, großenteils auch sicherlich zu eisenfestem Kalkmörtel verbrannt, die die Mauer so lange gegen völlige Zerstörung zu schützen geholfen hat.«[1] Die sogenannte byzantinische Mauer stellt die Reduktion der Stadt auf ihren engsten Umfang dar. In der Folgezeit trat eine bedeutende Erweiterung wieder ein, wie der Zug der später zu besprechenden Ziegelmauern erweist. Diese Ausdehnung gehört aller Wahrscheinlichkeit der Komnenenzeit an, für die eine neue Blütezeit Pergamons wohlbezeugt ist. Danach möchte ich die byzantinische Mauer in die Zeit nach Maslama verlegen[2] und annehmen, daß dieselbe die von den isaurischen Kaisern wiederhergestellte Stadt umschlossen habe. Schon nach Jahresfrist war Pergamon wieder in den Händen der Römer. Es leidet keinen Zweifel, daß sowohl Leon III. (716—741) als sein tatkräftiger Sohn Konstantinos VII. (741—775) alles getan haben werden, um der Stadt die Folgen der furchtbaren Katastrophe überwinden zu helfen. Vor allem mußte eine neue starke Befestigung sie vor einer Wiederholung des Schicksals bei Maslamas Ansturm bewahren. Was dergestalt neu geschaffen wurde, war ein byzantinisches Kastron, gewiß ein höchst ansehnliches Kastron, doch nur noch ein Schatten der alten Herrlichkeit. Von dem eisernen Zeitalter der Ikonoklasten kann man keine Schonung für die Denkmäler der alten Glanzzeit erwarten; die eigene Sicherheit und der Schutz gegen die Araber war der einzige Gedanke, der diese Menschen erfüllte. Schließlich können wir ihnen nur dankbar sein, daß sie so barbarisch mit den Kunst- und Baudenkmälern der Vorzeit gehandelt haben. Ihr Vandalismus hat sie uns erhalten.

Auch sonst war die Periode der Bilderstürmer ein eisernes Zeitalter. Unter Justinian hatten geschickte Künstler heidnische Bildwerke in christliche umgewandelt, so z. B. aus einer Aphrodite darstellenden Musivarbeit eine Panagia geformt. Jetzt wurde unter dem Einfluß der herrschenden frommen, ja fanatischen, aber kunstfeindlichen Glaubensrichtung auch der christlichen Kunst der Krieg erklärt. Der Biograph des heiligen Stephanos

---

[1] A. Conze, Pro Pergamo S. 17.

[2] Wenn wir die sogenannte byzantinische Mauer der Zeit vor Maslama zuweisen, müssen wir die hohen Ziegelmauern wohl auf Leon III. zurückführen. Das ergäbe die unwahrscheinliche Konsequenz: Vor der Katastrophe — Reduktion der Stadt; nach derselben — Erweiterung. Da ist es doch natürlicher, die Reduktion und nachfolgende Armseligkeit als ein Ergebnis des Maslamazuges hinzustellen.

des Jüngeren berichtet uns klagend, daß die herrlichen Mosaikdarstellungen der großen Blachernenkirche in Konstantinopel, welche die gesamte heilige Geschichte darstellten, abgekratzt und an ihre Stelle stilisierte Vögel- und Pflanzenornamente gesetzt wurden oder, wie Bischof von Hefele drastisch die Worte des Biographen wiedergibt, die Kirche wurde in ein Vogelhaus und ein Obstmagazin verwandelt. Im Thema Thrakesion gebot seit 766/7 als Divisionskommandeur einer der eifrigsten Ikonoklasten, Michael Lachanodrakon, in seiner Art ein frommer Mann — er starb 793 in dem großen, für Rom so unglücklichen Kampf gegen die heidnischen Bulgaren den Heldentod —, aber Michael war ein rauher Krieger und gleich seinem Herrn, Kaiser Konstantinos, ein abgesagter Feind der Mönche. Keiner hat mit solcher Energie die Gebote des neuen bilderfeindlichen Staatsglaubens verbreitet, keiner mit größerer Roheit den altgeheiligten Überlieferungen und Formen der griechisch christlichen Frömmigkeit ins Gesicht geschlagen als Michael. Mit dem in seiner Provinz stark verbreiteten Mönchtum verfuhr er äußerst summarisch. Er hatte sämtliche Religiosen und Nonnen aus dem ganzen Thema nach Ephesos beordert und ließ sie dann auf dem Tzukanisterin antreten, auf dem Sportplatze der thrakesischen Kavallerieoffiziere, woselbst diese der von der vornehmen Jugend und den Militärs mit Leidenschaft betriebenen byzantinischen Form des Polospiels obzuliegen pflegten.[1] Nach der Chronik hat er an die unglückliche Klostergeistlichkeit folgende durch ihre Kürze und Brutalität charakteristische Anrede gehalten: »Wer den Geboten des Kaisers und uns gehorchen will, lege ein weißes Gewand um und nehme sich in dieser Stunde ein Weib; wer nicht also tut, dem sollen die Augen ausgestochen, er selbst nach Kypros verbannt werden.« Dem Worte, fährt der Chronist fort, folgte die Tat, und viele wurden an diesem Tage zu Blutzeugen auserkoren; viele auch verließen Christi Gefolgschaft und richteten ihre Seelen zugrunde. Das wurden die Herzensfreunde »des Drachen«. Doch damit nicht genug; es wurde eine systematische Säkularisation der gesamten Klostergüter vorgenommen in einer so empörend rücksichtslosen Art, daß man sich unwillkürlich an die Vorgänge von 1790 in Frankreich und 1805 in Deutschland erinnert glaubt. Hören wir den trockenen und doch so inhaltschweren

---

[1] ΤΖΟΥΚΑΝΙϹΤΉΡΙΟΝ locus in quo pila ludunt ex equis. AA. SS. 12. Jan. Tomaschek, Sitzungsber. d. Wiener Akad., phil.-hist. Cl. CXXIV, VIII, S. 32.

Bericht des Chronisten[1]: »Das Jahr darauf (771/2) setzte Michael Lachanodrakon seinen Sekretär (νοτάριος) Leon, zubenannt Kulukes, und den Exabt Leon Kutzodaktylos als Kommissare ein und ließ durch diese alle Herren- und Frauenklöster, alle heiligen Gefäße, Bücher, das Klostervieh und die Klostergüter aus freier Hand versteigern und den Erlös in den kaiserlichen Fiskus abfließen. Die asketischen Schriften und die Paterika verbrannte er mit Feuer. Und wenn einer überführt wurde, eine heilige Reliquie als Amulett zu tragen, wurde diese ins Feuer geworfen, der Besitzer aber als Verächter Gottes bestraft.[2] Viele Mönche ließ er zu Tode geißeln, einzelne enthaupten und unzählige blenden. Den Langbärten ließ er das Barthaar mit Öl salben und dann anzünden, und so versengte er ihnen Antlitz und Haupt, andere ließ er nach all diesen Qualen noch exilieren. Zum Schluß gestattete er in dem ganzen ihm untergebenen Thema keinem einzigen Menschen das Mönchsgewand zu tragen. Und als der Kaiser, der Feind der guten Sache, von seinem Eifer Kunde erhielt, erließ er ein Dankschreiben an ihn, worin er sagte: 'Ich habe Dich erfunden als einen Mann nach meinem Herzen; Du erfüllst all mein Begehren'. Nun ahmten auch die übrigen Gouverneure diesem nach und verübten die gleichen Schändlichkeiten.«

Wie man sieht, Aufklärung von oben her durch die Staatsomnipotenz, wie unter Pombal, Aranda und Joseph II. Freilich darf man bei diesen schändlichen Vorgängen nicht ganz vergessen, daß die Mönche als Denunzianten der Glaubensgerichte und Quäler der Altgläubigen und Häretiker seit Jahrhunderten eine Unsumme von Haß auf sich geladen hatten. Ihre zur Herrschaft gelangten Widersacher vergalten ihnen gleiches mit gleichem, und schließlich litten sie, was ihre Taten wert waren. Man bedenke nun, daß das neue byzantinische Pergamon im Zeitalter des Ikono-

---

[1] Theophanes 445, 28—446, 15.

[2] Hier zeigt sich deutlich, wie richtig die syrischen und armenischen Schriftsteller einen Zusammenhang zwischen Ikonoklasten und Paulikianern behaupten. Im Gegensatz zum europäischen Griechenland, wo das Volk der krassesten Ikonodulie ergeben war, wurde der Ikonoklasmus in Kleinasien von der Gunst der weitesten Volkskreise getragen. Alle die altgläubigen und ketzerischen Religionsgemeinschaften schlossen sich dem neuen Staatsglauben an; er war in ihren Augen die Wahrheit; denn er verfolgte die bisherige Orthodoxie mit ihren paganistischen Anhängseln, die deshalb diesen Stillen im Lande längst als Kirche Belials galt. Als dann unter Theodora 845 die Orthodoxie wieder siegte, sonderten sich Altgläubige und Bilderfeinde als Minorität der Paulikianer wieder ab und machten dem Reiche noch genug zu schaffen.

klasmus aufgebaut wurde. Unter Lachanodrakon wurden zweifellos die mussivischen Heiligendarstellungen der Antipasbasilika und der Burgkirche übertüncht, und was etwa von klösterlichen Gemeinschaften die Katastrophe Maslamas überlebt hatte, wurde jetzt säkularisiert und aufgehoben.

Als dann 787 unter Konstantinos und Eirene der Bilderdienst auf der heiligen allgemeinen VII. Synode (der II. von Nikaea) wieder feierlich als rechtgläubige Staatslehre anerkannt ward und man dadurch das fünfzigjährige Schisma mit Alt-Rom und den Stühlen des Orients begrub, da beteiligte sich auch die benachbarte Provinz Asien an dem Glaubenstriumph. Nicht weniger als 30 Bischöfe[1] erscheinen auf dem Konzil; eine so große Zahl von Bischofstädten ist aber ein schlagender Beweis für den Wohlstand und die starke Bevölkerung der Provinz, die sich offenbar von dem furchtbaren Schlage des Maslama in den zwei folgenden Generationen völlig erholt hatte. Der höhere und niedere Säkularklerus war damals großenteils bilderfeindlich, und fast möchte man glauben, daß auch einige der asiatischen Bischöfe heimlich in verstocktem Herzen dem Brausen des heiligen Geistes widerstanden haben. Indessen die christusliebenden Kaiser hatten um den Kranz der heiligen Väter einen starken Cordon ehrwürdiger Mönche gezogen, die mit beratender Stimme zum Coetus Sanctorum zugelassen waren und einen moralischen Druck auf die Konzilsväter auszuüben wohl imstande waren.[2] Unter diesen Bischöfen nimmt auch Basileios von Pergamon in der zweiten Aktion mit den anderen feierlich den Bilderdienst an[3]; ebenso stimmt er in der vierten der Aufnahme der reuigen Bilderstürmer zu[4], und endlich, als die heilige Versammlung das Glaubensbekenntnis zu definieren hat, unterschreibt auch, gleichermaßen definierend, Basileios, der unwürdige Bischof von Pergamon, die väterlichen Glaubenslehren und die Überlieferung der allgemeinen Kirche befolgend.[5]

---

[1] Es sind folgende Sitze der Eparchie Ephesos vertreten: 1. Mastaura, 2. Briula, 3. Nyssa, 4. Tralles, 5. Magnesia Anelios, 6. Prine, 7. Anaea, 8. Magnesia am Maeandros, 9. Palaeopolis, 10. Kaloë, 11. Algizon, 12. Euaza, 13. Bareta, 14. Hypaepa, 15. Erythrae, 16. Lebedos, 17. Kyme, 18. Temnos, 19. Myrine, 20. Elaea, 21. Pitane, 22. Pergamos, 23. Atrammyteion, 24. Atandros, 25. Assos, 26. Phokaea, 27. Gargara, 28. Aegae, 29. Sion, 30. Teos. Mansi XII 995.

[2] Die Mönche trugen Stöcke wie ihre Vorläufer, die alten kynischen Philosophen.

[3] Mansi XII 1098.

[4] Mansi XIII 141.

[5] Mansi XIII 385.

Von jetzt an verschwindet Pergamon wieder in das Dunkel der unbedeutenden Provinzialstadt. Im 9. Jahrhundert erscheint dann noch einmal ein Bischof von Pergamon auf der achten allgemeinen Synode (879), wo mit Zustimmung des Papstes Johannes VIII. Photios feierlich wieder als ökumenischer Patriarch anerkannt ward. In der Präsenzliste figuriert auch Bischof Methodios von Pergamon.

XIV. Pergamon wird Samos, dem Flottenthema zugeteilt.

Kaiser Leon VI., der Philosoph (886—911), ein pedantischer Gelehrter, der sich aber um die Reorganisation der politisch-militärischen wie der kirchlichen Verwaltung große Verdienste erworben hat, nahm mit dem Gouvernement Thrakesion eine große Veränderung vor. 890 hat er eine Neuordnung der Themen eingeführt. Während des ganzen 8. und 9. Jahrhunderts hatten — eine Folge des unaufhörlichen Guerillaskrieges mit den abbāsidischen Reiterarmeen — die Kavalleriedivisionen dermaßen überwogen, daß die Marine arg vernachlässigt ward und die Seekapitäne, einst sozial sehr hochstehende Militärs, in völlige Verachtung sanken. Die Folgen zeigten sich; 826 wurde dem Reiche Kreta entrissen; ein ähnliches Schicksal konnte trotz heldenmütigen Widerstandes Basileios der Makedonier, Leons Vater (867—886), schließlich von Sizilien nicht abwehren. Unter ihm erlag 878 nach tapferer Gegenwehr Syrakus den Sarazenen. Unter Leon selbst fiel der letzte feste Platz der Insel, welchen die Griechen behaupteten, Tauromenion 902 in die Hände der Muslime. Diese schweren Schläge rüttelten die Zentralregierung aus ihrer Gleichgültigkeit auf. Unter Leon zeigt sich daher ein löbliches Streben, die verfallene Flotte wiederherzustellen. Es war auch höchste Zeit; denn bereits hatten die arabischen Piraten 904 das solange heldenmütig allen Angriffen der Slawen widerstehende Thessalonike, die zweite Stadt des Reiches, genommen. An die Spitze der beiden Flotten, der östlichen an der kleinasiatischen Südküste stationierten (Thema Kibyraioton) und der der Kykladen (Thema Aigaion Pelagos) waren längst Strategen gestellt, und dadurch die Marineabteilungen im Range den Kavalleriedivisionen wieder gleichgestellt worden; jetzt wurde ein drittes Flottenkommando, das Thema Samos, formiert. Es war eigentlich eine Torheit gewesen, daß die von der Natur zu Marinesoldaten geschaffene Bevölkerung der kleinasiatischen Westküste der Kavalleriedivision Thrakesion zugeteilt ward. Es erklärt sich das nur aus der einseitig den Reiterdienst bevorzugenden Tendenz der isaurischen und phrygischen Kaiser. Es war daher eine sehr verständige Maßregel des Kaisers Leon, daß er den gesamten Küstenstrich von dem Thema Thrakesion abtrennte, und daraus ein besonderes Marinethema (θέμα τῶν πλωϊζομένων) Samos formierte. Zu demselben gehörten Ephesos, Magnesia, Tralles, Myrina, Teos und Lebedos, und im Norden reichte es bis Atramyttion. Der Strategos des Marinethemas hatte sein Standquartier (πραιτώριον) in Smyrna; das Thema zerfiel in zwei Turmen, die ephesische und die atramyttenische. Zu letzterer gehörte ohne alle Frage Pergamon.[1]

Konstantin trägt mit emsigem Bienenfleiß und völliger Kritiklosigkeit einander völlig widersprechende Bureaunachrichten und Kanzleirapporte zusammen. Im Beginn sagt er, die Metropolis des Themas sei Samos; und zum Schluß bemerkt er, daß der Admiral in Smyrna residiere. Hier sind zwei Berichte zusammengeschweißt, was den kaiserlichen Autor nicht weiter schmerzt. Offenbar haben wir Berichte verschiedener Zeiten vor uns. 890 bei der Formierung des Thema Samos wurde ihm als Hauptstadt und Sitz des Flottenkommandos die Stadt Samos zugewiesen; nur so erklärt sich die Benennung bei einem Thema, das doch großenteils aus Teilen der festländischen Küstenregion gebildet war. Später wurde aber dem Admiral und den Marineleutnants der Aufenthalt auf der abgelegenen Insel und in der unbedeutenden Stadt langweilig; Ephesos scheint sich von Maslamas Schlag auch nicht recht erholt zu haben; das geistige und elegante, politische und militärische Zentrum der kleinasiatischen Westküste war schon damals, wie heute, Smyrna. Dahin wurde denn die Zentralverwaltung des Flottenthemas verlegt und zwar bald nach Formie-

[1] Die Worte Kaiser Konstantins über die Organisation des Thema Samos (Them. 41, 9 bis 20) sind einfach unsinnig; indessen mit einer Umstellung und der Ergänzung einer Lücke läßt sich der Text heilen. Konstantinos hatte geschrieben: Ὅτε οὖν ἐγένετο ὁ μερισμὸς τῶν θεμάτων, διὰ τὸ εἶναι ἐπιφανεστάτην τὴν νῆσον, μητρόπολιν αὐτὴν καὶ ἀρχὴν τοῦ θέματος τῶν πλωϊζομένων τεθείκασιν· ἡ γὰρ πρόσγειος καὶ ἡ καταντικρὺ ἄκρα τῆς Σάμου, αὐτή τε ἡ Ἔφεσος καὶ Μαγνησία καὶ Τράλλεις ἥ τε Μύρινα καὶ Τέως καὶ Λέβεδος καὶ ἕως τοῦ Ἀτραμυττίου ⟨τῷ τῆς Σάμου στρατηγῷ προσῳκειώθησαν⟩· τὰ ⟨δὲ⟩ ἄνω καὶ μεσόγεια τῷ τῶν Θρᾳκησίων στρατηγῷ ἤγουν τῷ ἡγουμένῳ τοῦ ἱππικοῦ τάγματος ἐκείνῳ ἐκληροδοτήθησαν. διῄρηται δὲ τὸ θέμα τῆς Σάμου εἰς τούρμας δύο, μίαν μὲν τὴν Ἐφέσιον, δευτέραν δὲ τὴν Ἀτραμυττηνήν. ὁ δὲ στρατηγὸς τοῦ θέματος αὐτὴν ἔλαχε Σμύρναν τὴν πόλιν πραιτώριον. καὶ ταῦτα μὲν περὶ τοῦ θέματος Σάμου.

rung des Themas; denn Konstantin spricht von der Residenz des Admirals in Smyrna als einer offenbar schon ziemlich lange bestehenden Tatsache. Wir besitzen die Amts- und Besoldungsordnung »des christusliebenden Kaisers Leon VI.« (886—911)[1], ferner die Reihenfolge im militärischen und zivilen Beamtenschematismus (συνήθεια εὐσεβείας)[2] und die Rangordnung an der Allerhöchsten Tafel (ἀκριβολογία τῆς τῶν βασιλικῶν κλητωρίων καταστάσεως καὶ ἑκάστου τῶν ἀξιωμάτων πρόσκλησις καὶ τιμή).[3] Letztere beide hat auf Befehl unseres christusliebenden und allerweisesten Kaisers Leon 1. September 899 der kaiserliche Protospatharios und Atriklinos (Oberzeremonienmeister) Philotheos veröffentlicht. Daraus ersehen wir, daß Seine Majestät, welche auch die bei den heiligen Synoden in Stößen und Gegenstößen sich kundgebende Streitsucht der allerheiligsten und hochwürdigsten Metropoliten und Prälaten durch eine feste Rangordnung geschlichtet hatte, in ähnlicher Weise jedes Gefühl äußerer Zurücksetzung in den Herzen der Spitzen der Militärbehörden auszulöschen sich eifrigst bemüht hat. Die Provinzialstatthalter und Divisionskommandeure erhielten von nun an sämtlich die Titel Strategos und Anthypatos (Prokonsul) und dazu das Prädikat Exzellenz (πατρίκιος). So figuriert denn in der Rangliste als

Nr. 7 ὁ ἀνθύπατος πατρίκιος καὶ στρατηγὸς τῶν Θρᾳκησίων und als

Nr. 28 ὁ ἀνθύπατος πατρίκιος καὶ στρατηγὸς τῆς Σάμου.

Freilich auch hier blieb ein Unterschied. Des Vorzugs an Seiner Majestät Tafel (τῇ ἀποκοπτῇ τραπέζῃ) zu speisen, wurden nur sechs ganz besonders erhabene Spitzen gewürdigt: 1. Der Patriarch von Konstantinopel, 2. der Caesar, 3. der Nobilissimus, 4. der Kuropalates, 5. der Basileopator, 6. ἡ ζωστὴ πατρικία.

Sämtliche übrigen Chargen hatten an der Marschalltafel (δευτέρα τάξις) sich zu plazieren. Hier hatten die ersten Plätze der Magistros und der Rektor, dann folgte die hohe Geistlichkeit, die Vertreter (σύγκελλοι) der fünf Patriarchalstühle und der Erzbischof von Bulgarien, hierauf die kaiserlichen Kämmerlinge mit Exzellenzcharakter (πατρίκιοι εὐνοῦχοι). Dann schloß sich aber sofort die gesamte Generalität an, die Exzellenzen mit Gardekommando und die mit der Leitung der Provinzialdivisionen betrauten.

---

[1] Constant. Porphyr. de cerim. I, S. 696 ff.

[2] A. a. O. I, S. 712 ff.

[3] A. a. O. I, S. 726 ff.

Unter diesen hatte die hochvornehme Exzellenz von Thrakesion den vierten, die von Samos natürlich einen viel tieferen Platz.

Auch die Gehaltsbezüge der Divisionskommandeure wurden von Kaiser Leon neugeordnet. Jetzt, da es der Exzellenzen durch die allgemeine Gleichstellung viel mehr gab als früher, wurden die Einkünfte etwas herabgesetzt.

1.	Exzellenzen	I. Klasse	empfingen	40	Pfund	Goldes	= 36547.20	Mark
2.	»	II.	»	30	»	»	= 27410.40	»
3.	»	III.	»	20	»	»	= 18273.60	»
4.	Admirale		»	10	»	»	= 9136.80	»
5.	Kleisurarchen		»	5	»	»	= 4568.40	»

Zur ersten Klasse zählte Leon nur Anatolikon, Armeniakon und Thrakesion, während Opsikion, das früher hochangesehene Bukellarion und Makedonia die zweite Klasse bildete. Die meisten übrigen gehörten zur dritten; die aber immer die doppelten Bezüge, verglichen mit den Admiralen, hatten. Der jetzt im Binnenlande — in Philadelpheia[1] — residierende Divisionskommandeur von Thrakesion hatte also die vierfache Einnahme seines Kollegen von der Flotte zu Smyrna. Mit welch vornehmem Stolz wird er auf diesen herabgeblickt haben, wenn er beim Amtsantritt den feierlichen Nachbarbesuch ihm zu machen hatte.

XV. Pergamon bis zum Seldschukeneinbruch.

Wir würden von Pergamon nun für lange gar nichts mehr erfahren, wenn nicht zufällig der Chronist Johannes Skylitzes, der Kuropalate, der uns vorläufig nur in der Bearbeitung des Mönches Georgios Kedrenos vorliegt[2], für das auf Basileios II. Bulgaroktonos (963—1025) folgende Jahrzehnt eine kleinasiatische Quelle benutzte. Ihr kleinasiatischer Ursprung folgt aus der ganz auffälligen Hervorhebung der Ereignisse aus dem Thema Thrakesion.[3]

---

[1] Die alte Hauptstadt Ephesos gehörte zum Thema Samos. In Philadelpheia saß wenigstens zur Komnenen- und Paläologenzeit der Dux und Stratopedarches des Thema Thrakesion. Tomaschek, a. a. O., S. 97.

[2] Kedrenos schließt seine Weltchronik mit dem Einzug des Kaisers Isaak des Komnenen in Konstantinopel (1. September 1057) ab.

[3] Sollte die Quelle vielleicht der von Skylitzes an letzter Stelle genannte Mönch Johannes der Lyder sein? vergl. Georg. Cedren. ed. Bekker I, S. 4.

So meldet er zum Jahre 1028/29, daß der Metropolit von Ephesos Synkellos des Patriarchen wurde, und daß der Patricius Konstantinos Diogenes, welcher als Gouverneur von Sirmium und Dux von Bulgarien die wilden Petschenegen siegreich über die Donau zurückgeworfen hatte, zum Strategen von Thrakesion befördert ward. Indessen in eine angebliche Verschwörung gegen Kaiser Romanos (1028—1034) verwickelt, wurde er bald nach der Hauptstadt entboten und in Verhaft genommen. In demselben Jahre hörte man am Berge Kuzenas[1] eine jammervolle Stimme, mit Seufzen, Weherufen und Tränen vermischt, den Klagelauten einer Frau ähnlich. Und wohlgemerkt nicht einmal, sondern vom März bis Juni hörte man diese Stimme Tag und Nacht. Als einige der Stimme nachgingen, entfernte sich diese. Natürlich war das eine prophetische Ankündigung des Zusammenbruchs der syrischen, von Kaiser Nikephoros gegründeten Herrschaft.[2] In Jahre 1034/35 ereignete sich eine denkwürdige Begebenheit (τὶ ἀξιαφήγητον):[3] »Einer von den Warägern (Βάραγγοι), welche in dem thrakesischen Divisionsbezirk in Winterquartiere verteilt waren, versuchte der Tugend einer Bäuerin in der Einöde Gewalt anzutun. Als sie ihm nicht gefällig war und er schon Gewalt anwandte, riss sie dem Barbaren das Schwert aus der Scheide, stach ihn mitten ins Herz und tötete ihn auf der Stelle. Als die Kunde von der Tat sich im Umkreis verbreitete, liefen die Waräger zusammen, bekränzten die Frau und überwiesen ihr die gesamte Habe des Schänders; jenen warfen sie auf den Schindanger wie einen Selbstmörder. Aber die Heuschreckenschwärme, welche, wie wir bereits erzählt haben, am sandigen Strand des Hellespontes zugrunde gegangen waren, lebten von selbst wieder auf und fraßen das Hellespontesgestade zum zweiten Male kahl; während eines Zeitraumes von vollen drei Jahren verwüsteten sie das Thema der Thrakesier, dann wandten sie sich nach Pergamon und gingen zugrunde; aber ein Mann, der im Dienste des Bischofs stand, schaute ein Gesicht, nicht im Traume, sondern in Wirklichkeit. Er glaubte einen weißgekleideten Kämmerling zu schauen, dessen ganze Gestalt strahlte. Drei Säcke lagen vor ihm, und eine Stimme gebot ihm, den ersten zu lösen und

---

[1] Κουξηνᾶς, auch Κουσινᾶς geschrieben, berühmt durch seine Klöster, ist der Sipylos. Tomaschek an der S. 77 angeführten Stelle S. 29.

[2] Georg. Cedren. II, 489.

[3] Georg. Cedren. II, 508 ff.

auszuleeren, dann den zweiten und endlich den dritten. Als dieser das Gebot vollzog, warf der erste Schlangen, Nattern und Skorpione, der zweite Kröten, Vipern, Basilisken, Kammeidechsen und anderes giftiges Getier, der dritte aber Käfer, Ameisen, Wespen und andere stachelbewaffnete Insekten aus. Bei diesem Anblick wurde der Bischofsdiener sprachlos; doch jener leuchtende Mann stand nahe zu ihm und sprach: »Dies hat euch heimgesucht und wird euch heimsuchen wegen der Übertretung von Gottes Befehlen und des geschehenen gottlosen Werkes bezüglich des Kaisers Romanos und seines Ehebettes«. Und dieses nun trug sich dermaßen zu.«

Die Anschauung des Volkes und der Frommen erkannte also in diesen Heimsuchungen ein Gottesgericht, wodurch das Reich für die in der Kaiserfamilie verübten Greuel bestraft wurde; man sieht, knechtische Gesinnung zeigten die byzantinischen Provinzialen und Gottesmänner nicht, sondern sie übten an den Hochmögenden eine keineswegs ganz unberechtigte Kritik.

Kaiserin Zoë (1028—1051) ist ein merkwürdiges Gemisch von Isabella II. und Katharina II. Wie erstere teilt sie ihr Leben zwischen Andächteleien und Liebesabenteuer, und wie bei letzterer suchten die im kaiserlichen Ehebette sich ablösenden Liebhaber Einfluß auf die Regierung zu erlangen und fanden bei der schwachen Frau bald ihre Rechnung. In vorteilhafter Weise unterscheidet sich aber die byzantinische Regentin dadurch von ihren modernen Parallelen, daß sie mit ihren ziemlich zahlreichen Liebhabern sich nur in rechtmäßiger Ehe verband. Zoës Schwester und Nachfolgerin, die sehr tüchtige Theodora (1054—1056) hatte zu ihrem Nachfolger den gänzlich unfähigen Michael Stratiotikos (1056—1057) ausersehen. Gegen ihn erhob sich Theodosios, ein Vetter des verstorbenen Kaisers Konstantinos Monomachos (1042—1054), erbittert, daß man ihn bei der Thronbesetzung gänzlich übergangen habe. Kopfloser ist wohl selten eine Revolution in Szene gesetzt worden. Er befreite die Gefangenen im Prätorium und in der Chalke. Indessen die Palastgarde, vor allem die Waräger, marschierten gegen ihn. Er wandte sich zur Sophienkirche in der naiven Annahme, von Patriarch, Klerus und Volk mit Jubel begrüßt zu werden. Statt dessen fand er die Tore verschlossen; seine Begleiter verliefen sich, und der Revolutionsheld floh mit seinem Sohne an den Kirchenaltar. Die Regierung hielt den lächerlichen Prätendenten für so wenig gefährlich, daß sie sich damit begnügte, ihn und seine wichtigsten Anhänger nach Pergamon zu verbannen.[1]

Im 11. Jahrhundert unter dem Weiberregiment (1028—1056) und später unter der Herrschaft der Dukas (1059—1078) vollzieht sich ein bedeutsamer Umschwung: das Militär wird von der leitenden Stelle verdrängt, die Zivilbureaukratie bemächtigt sich des Ruders, Juristen und gelehrte Pedanten, wie der unerträgliche, aber in seinen Memoiren höchst geistreiche Psellos führen das große Wort. Sie haben das Reich dem Untergange nahe gebracht. Vergebens hatten der treffliche Isaak Komnenos (1057—1059) und ebenso Romanos Diogenes (1067—1071) noch einmal die Militärherrschaft herzustellen versucht. Romanos erlag 1071 nicht weniger der stillen Opposition der Zivilbeamten, als der Wucht der Seldschuken unter ihrem genialen Alp-Arslān. Die herrlichen Ostprovinzen, die Themen Anatolikon und Armeniakon, Charsianon und Kappadokia, die solange dem Islām Trotz geboten, wurden nun von den Türken überschwemmt, und aus den Trümmern der Kernlandschaften des Christenreichs bauten sich die schwächlichen Reiche der Sultane von Rūm (Ikonion) und der Danischmende auf. Auch der elende Rest des asiatischen Reichs wurde von den Reitervölkern der turanischen Steppe überschwemmt. Smyrna und Nikaea fielen in die Gewalt der Ungläubigen, und unterdessen kämpften in der Reichshauptstadt die Faktionen ihren kümmerlichen Hader weiter, bis der kriegerische kleinasiatische Landadel sich noch einmal erhob und unter dem ebenso tapfern wie schlauen Neffen des Kaisers Isaak, Alexios Komnenos (1081—1118) die Hauptstadt echt soldatisch hart züchtigte. Das Komnenenhaus (1081—1185) hat der unglücklichen vielgeplagten Romaeernation wenigstens einen schönen Lebensabend verschafft. Ohne Zweifel ist in dieser Epoche der Krisen und Volksstürme auch Pergamon von allerlei feindlichen Invasionen nicht verschont geblieben; die Söhne des Altaigebirges haben wohl ihre schnellen Rosse zeitweise im Kaïkostale getummelt. Doch die dürftigen Chroniken schweigen sich darüber völlig aus.

---

[1] Cedren. II, S. 614, 3, ed. Bonn. ὃν εὐθὺς ἀποστείλαντες ἐξάγουσι τῆς ἐκκλησίας καὶ ἐξορίζουσιν ἐν Περγάμῳ.

XVI. Pergamon als Hauptstadt des Thema Neokastra und Grenzfestung.

In der Komnenenzeit wird Pergamon zweimal erwähnt. Einmal zur Zeit des zweiten Kreuzzuges. Der kaiserliche Historiograph Johannes Kinnamos läßt sich in seiner Geschichte der Komnenen Johannes II. (1118—1143) und Manuel I. (1143—1180) bezüglich der kleinasiatischen Reisetouren der Γερμανοί (Franzosen) und der Ἀλαμαννοί (Deutschen) nur wenig in das Detail ein. Etwas mehr bieten die abendländischen Quellen.[1]

Die Franzosen hatten am 15. Oktober 1197 auf das asiatische Ufer unter Führung ihres Königs Ludwig übergesetzt. Gemächlich zog dieser weiter über Nikomedeia, und an der Askania Limne traf ihn die Nachricht von Konrads Niederlage. Er erwartete seine Rückkehr ad castrum Lupar (Λοπάδιον); von da zogen Franzosen und Deutsche vereint nach Achyraus, wo sich die Wege teilten. Der eine führte südwärts nach Philadelpheia durch öde Gegenden, die Franzosen zogen westwärts zur Küste, wo reiche Städte lagen. Auf den Grenzen des Thema Samos unweit Adramyttion (Demetria, heute Edremid) geriet der Franzosenkönig in Bergschluchten, wo ein Gießbach neunmal durchwatet werden mußte. Aber die ehemals so blühende, mit volkreichen Städten dicht besetzte Küste, die alte Aeolis und Ionien hatten durch die Reiterscharen der Seldschuken und die Piraten des Türken Čaġā furchtbar gelitten. Odo von Deuil[2] erwähnt die zahlreichen zerstörten Städte des dortigen Küstenstrichs. »Andere«, sagt er,

[1] Die hier in Betracht kommenden geographischen Notizen sind vortrefflich zusammengestellt bei W. Tomaschek, Zur historischen Topographie von Kleinasien im Mittelalter. I. Die Küstengebiete und die Wege der Kreuzfahrer. Sitzungsberichte der k. Akad. d. Wiss. in Wien, philol.-hist. Kl., Bd. CXXIV, Wien 1891, S. 90 ff. Bedauerlich ist nur seine oft wenig sorgfältige Zitiermethode, welche die Benutzung des hochverdienstvollen Werkes erschwert.

[2] Ex Odonis de Deogilo l. de via S. Sepulchri MGSS XXVI, 71: ... Ibi multas urbes destructas invenimus et alias quas ab antiqua latitudine supra mare Greci restruxerant, munientes eas muris et turribus .... illi turres habebant et muros duplices ad tutelam et in mare naves ad fugam ... Sic tandem praeteritis Smirna et Pergamo venimus Efesum quae inter ruinas antique gloriae venerandas sui status habet reliquias beati Ioannis sepulchrum in quodam terre tumulo contra paganos muro circumdatum. Wilhelm von Tyrus XVI, 23 erwähnt Pergamum nicht. Vergl. Michaud, Histoire des Croisades II, 158; R. Röhricht, Geschichte der Kreuzzüge im Umriss, 1898, S. 95; Bernhardi, Jahrb. d. Deutschen Geschichte Konrad III., 2. Theil, S. 647.

»hatten die Griechen in bescheidenen Verhältnissen am Meere wieder aufgebaut und sie durch Mauern und Türme befestigt. »Der doppelte Mauerlauf« dieser Fortifikationsanlagen imponierte sichtlich den Franken. Sie mußten zur Winterszeit drei Ströme passieren und erreichten über Pergamon und Smyrna Ephesos, das durch seine heilige Apostelkirche noch immer zahlreiche Waller anzog. Ausdrücklich meldet Odo, daß die Griechen den Schrein des heiligen Johannes auf einer Anhöhe gegen die Angriffe der Heiden ummauert hätten. Die alte Stadt in der Stromebene war aufgegeben und nur der Berghügel von Ayasuluk umwallt worden. Auch Pergamon, obschon fern vom Meere gelegen, dürfen wir zu diesen, von den Byzantinern in kleinerem Umfange neubefestigten Städten rechnen.

Manuel Komnenos, wie fast alle Regenten seiner hochbegabten Dynastie, ein tüchtiger, leider nur zu romantisch-phantastischen Plänen neigender Herrscher, hat sich der Wiederherstellung der nunmehr Grenzgebiete gewordenen Themen Thrakesion und Samos mit lobenswertem Eifer angenommen. »Ein hervorragendes Werk des Kaisers ist dies. Die Städte der Landschaft Asia: Chliara, Pergamon und Atramytion hatten schwer durch die Türken gelitten. Das ganze Gebiet ringsum war allmählich Ödland geworden, und weil die (wenigen) Bewohner in offenen Weilern hausten, wurden sie eine leichte Beute der Feinde. Der Kaiser ummauerte nun die Stadt und schirmte die benachbarten Weidelandschaften durch feste Kastelle. Diese sind jetzt so gut bevölkert und wohlhabend, daß sie mit volkreichen Städten es aufnehmen können. Denn die Zahl der mit Feldfrüchten bestellten Äcker nimmt beständig zu, und des Gärtners fleißige Hand legt Obstplantagen an, so daß, um mit David[1] zu reden, sie die Wüste zu Wasserseen und das bisher Unbewohnte bewohnbar machen. Wenn je Kaiser Manuel einen großen Erfolg, wenn er jemals etwas Nutzbringendes für die Römer erdacht und durchgeführt hat in den Jahren seiner Herrschaft, so ist das wohl das Ausgezeichnetste und für das Gemeinwesen Förderlichste. Denn wer, der dort vorüberwandert und weiß, welche Roheit in diesem Landstrich herrschte und was für Männer es hervorbrachte . . . . wird nicht die Hände gen Himmel erheben und diesem Kaiser ein ewiges Los in Eden, eine grünende, unvergängliche Behausung erflehen? Eine eigene Benennung hat (das Gebiet) dieser Kastelle erhalten — es heißt

[1] Niketas zitiert ungenau und irrt sich; er meint Esaias 41, 18.

Neokastra — einen eigenen Präfekten erhalten sie aus Byzanz, und an die kaiserliche Schatzkammer zahlen sie jährlichen Tribut«.[1]

Νεόκαστρα bildete demnach ein eigenes Thema.[2] Es war Komnenenpolitik, die ehemaligen großen Divisionskommandos in eine Menge kleine Brigadekommandos zu zerschlagen und weniger hohen Militärs zu unterstellen. Es ist dieselbe Tendenz, und es sind dieselben Maßregeln, welche einst in der diokletianisch-konstantinischen Epoche die Neuordnung des Reichs herbeigeführt hatten.

Der Chronist berichtet unmittelbar darauf von den Ungarnkriegen und dem mit Amalrich (Ἀμέριγος) von Jerusalem vereinbarten Zug gegen das ägyptische Tamiathe (Damiette) 1161. Man ersieht, mit welchem Eifer die treffliche komnenische Regierung für die asiatischen Provinzen sorgte. Alles blühte wieder auf, und hätte nicht der vierte Kreuzzug bald eine vollständige Umwälzung hervorgerufen, wer weiß, ob das Römerreich nicht noch fernere Peripetien hätte überdauern können!

Pergamon also war eine Grenzburg geworden, eine Κλεισοῦρα, wie die älteren Byzantiner gesagt haben würden. Gegen die räuberischen Einfälle der ikonischen Reiterscharen deckte hier die Reichsgrenze das Defensivsystem der »neuen Burgen« (Neokastra).[3] Eine Anzahl wohlummauerter Bergstädte, die durch befestigte Dorfkastelle und wohl auch Wachttürme miteinander in Verbindung standen, verdankten der wohldurchdachten Verteidigungsorganisation des glorreichen Großkomnenen Manuel I. ihren Ursprung. Der Dux, der militärische Chef dieses Fortifikationssystems, saß ohne Zweifel in Pergamon auf der Burg der Attaliden. Damit trat für das Pergamon der letzten byzantinischen Zeit wieder eine Epoche des Aufblühens ein, welche ihren Ausdruck in einer ganz erheblichen Erweiterung der Stadt findet. Dieses neue Pergamon schildert A. Conze folgendermaßen:[4] »Dieser neuen Blütezeit werden die wieder weit über die »byzantinische« Mauer hinausgerückten und außerdem in engerem Ringe

[1] Nicetae Chon. hist. p. 194, 23 bis 195, 23 (= Ἀνωνύμου σύνοψις χρονική. K. N. Sathas Μεσαιωνικὴ βιβλιοθήκη VII, 1894, S. 168.)

[2] σύνοψ. χρον. S. 462.

[3] Tomaschek S. 96 läßt das Thema Neokastra sich sehr weit nach Süden erstrecken. S. 96: »Das Thema der Neokastra reichte vom Tmolus und Sipylus nordwärts bis zur Κώμη ὁ Κάλαμος«. Die Quellen gewähren für die Ausdehnung nach Süden keinen Anhalt.

[4] Die Kleinfunde aus Pergamon S. 26.

die Hochburg einfassenden, hohen Ziegelmauern angehören, von denen nach den Einzelheiten ihrer Konstruktion es nie zweifelhaft sein konnte, daß sie später als jene »byzantinische« Mauer entstanden seien.« Diese hohen Ziegelmauern sind den Mauern von Konstantinopel, Saloniki usw. durchaus gleichartig und folgen, den engen frühmittelalterlichen Stadtkreis stark erweiternd, in der Hauptsache wieder der spätrömischen Mauer.

In folgender Weise läßt sich demnach die Stadtentwickelung in nachklassischer Zeit kurz zusammenfassen:

1. Größter Umfang: die offene Stadt der Kaiserzeit.
2. Erste Reduktion: spätrömische Mauer, wie die aurelianische Roms.
3. Zweite Reduktion: die sogenannte byzantinische Mauer (isaurische Epoche).
4. Erweiterung der Stadt: die hohen Ziegelmauern 1. auf der Trace der spätrömischen Mauer usw., 2. der Zitadelle (Komnenenzeit).[1]

Mit diesem wertvollen Ergebnis, das uns die Denkmäler gewähren, stimmt nun alles, was uns die sonstige Überlieferung bietet. Wie dieses neue Pergamon an Glanz hinter der justinianeischen Epoche zurückstand, ebenso sicher zeigt es gegenüber der isaurischen Zeit einen entschiedenen Fortschritt. Es wurde bald wieder der Mittelpunkt eines bevölkerten, betriebsamen und wohlhabenden griechischen Distriktes. Diese aufs neue steigende Bedeutung von Pergamon erklärt uns auch, warum die Stadt nicht allein in bürgerlicher und militärischer Beziehung ein Zentralpunkt ward, sondern daß sie auch bald zum höchsten geistlichen Rang erhoben wurde, zu dem eine Provinzialstadt gelangen kann, zur Metropolis. Als solche erscheint sie zuerst in der Kirchenordnung »des an Christus, unsern Gott glaubenden Kaisers und Herrschers der Römer«, Isaak Angelos (1185—1195). Kaiser Isaak nämlich und der Patriarch Michael Kamateras haben mit Leons des Philosophen Kirchenordnung, welche Alexios der Komnene und sein Patriarch Eustratios im Jahre 1087[2] neu reguliert hatten, eine wichtige Änderung vorgenommen.[3] Das westliche Kleinasien und der Peloponnes waren damals die blühendsten Provinzen des Reichs. Eine Reihe dortiger Bistümer und Erzbistümer wurden jetzt durch den Metropolitenrang geschmückt. Bereits

---

[1] Bemerkung von Conze.

[2] C. E. Zacharias von Lingenthal, Ius Graeco-Romanum III, S. 358 (nov. 23) und S. 364 (nov. 25), verglichen mit S. 367 (nov. 28).

[3] Vgl. H. Gelzer, Index lectionum von Jena 1889 'analecta Byzantina'.

unter Kaiser Manuel hatten Milet, Abydos und Kerkyra diesen Rang erhalten; Isaak teilte durch besondere Privilegien dem peloponnesischen Argos und dem lydischen Hypaepa die Würde einer Metropolis zu. Auf einer Synode wurde dann eine gründliche Revision der Kirchenordnung vorgenommen, und noch eine ganze Reihe anderer Städte, unter diesen auch Pergamon, mit der Würde einer Metropolis geehrt. In der Patriarchalkanzlei wurde demnach eine neue Urkunde ausgefertigt, welche das von nun an gültige Verzeichnis der Metropoliten und Erzbischöfe enthielt.[1] Der neue Anhang an Alexios' altes Metropolitenverzeichnis fügte zu den bisherigen 84 Metropolen des Reichs 16 neue; unter diesen nahm Pergamon den 99. Platz ein.

Daß endlich die ehemals erste Stadt Asiens mit Smyrna und Ephesos, wie sie es schon vor Jahrhunderten verdient hätte, in kirchlicher Beziehung gleichgestellt ward, ist ein wichtiger Beleg für die steigende Bedeutung, für die Blüte und den Volksreichtum der alten Attalidenstadt.

XVII. Pergamon nach dem Sturze der Komnenen.

Es kam die große Katastrophe. Durch die unglückliche Revolution von 1185 hat das Romaeervolk sein Schicksal selbst hervorgerufen und mußte nun jahrhundertelang furchtbare Leiden durchmachen. Indem sich der feudale kleinasiatische Landadel und der hauptstädtische Pöbel die Hand zum Bunde reichten, gelang es ihnen, den genialen Regenerator und Reichsretter Andronikos Komnenos zu stürzen und damit den Untergang des Romaeerreiches zu beschleunigen. Die Familie der Angeloi, welche ein weltgeschichtlicher Zufall auf den Thron Konstantins und Justinians gesetzt hatte, zeichnete sich nur durch Unfähigkeit und landesverräterische Gesinnung aus. Isaak und sein Sohn Alexios erlitten 1204 durch den tüchtigen Alexios V. Murtzuphlos ihre reichlich verdiente Strafe; aber das Reich fiel und wurde eine Beute der Franzosen und der kühl allzeit ihren Vorteil berechnenden Venezianer. Allein der alte Heldengeist war unter dem hellenischen Landadel noch nicht erstorben. Die Laskaris, die Dukas, die Komnenen und Palaeologen retteten aus dem allgemeinen Schiffbruch einige Trümmer, mit denen es allerdings im Beginn kümmerlich genug aussah.

[1] Notitia X bei Parthey und die beiden von mir im Index Ienensis zum ersten Male veröffentlichten Bistümerverzeichnisse.

Kleinasien war einst die Stärke des Reichs gewesen. Am Nordrand, an den pontischen Küsten setzten sich die tüchtigen Komnenen fest; der Westrand: Thrakesion und Samos, Opsikion und Optimaton waren noch größtenteils in griechischen Händen, und hier gründete der ausgezeichnete Theodoros I. Laskaris (1204—1222) das Reich von Nikaea, und sein glücklicher Nachfolger Johannes III. Dukas Vatatzes (1222—1254) erweiterte dasselbe durch Eroberungen in Europa, so daß der arme lateinische Kaiser, bald auf Konstantinopel beschränkt, sich kümmerlich vom Reliquienhandel und abendländischen Almosen nährte. Nur einen tüchtigen Regenten hat das flandrische Kaiserhaus hervorgebracht, den Bruder des unglücklichen, in bulgarischer Gefangenschaft schmachtenden Balduin I., den Reichsverweser und nachherigen Kaiser Heinrich (Henri, Ἑρρῆς der Griechen 1206—1216). In der partitio Romaniae vom Jahre 1204[1] wurde unter den dem Kaiser zugewiesenen Landesteilen auch aufgezählt: provincia Adramyttii, de Chliaris[2] et de Pergamis, provincia Neocastri. Indessen diese Stücke hatten die Franken nie tatsächlich besetzen können. Es war daher sehr verständig von Kaiser Heinrich, daß er mit Theodoros Laskaris einen Vertrag schloß, wonach die Südküste der Propontis, die alten Stadtgebiete von Kyzikos, Miletopolis und Apollonia, für fränkisch erklärt wurde. Der Vertrag bezeichnet nach der damaligen geographischen Nomenklatur die Demarkationslinie durch das ob seiner Klöster gefeierte Kyminasgebirge und das Kastron Achyraus, welches unweit Adrianutherai lag und mit diesem einen Bischof hatte[3]; was nordwärts liegt, ist fränkisch. Dann kommt zur genauern Markierung der Grenze ein Stück »Üchtland« (ἄοικον), das Dorf Kalamos.[4] Dagegen das südlich gelegene Gebiet, das Thema Neokastra mit Kelbianon, Chliara, Pergamos und den benachbarten Enklaven Magidia und Opsikia wurde als Eigentum des Kaisers von Nikaea anerkannt.[5]

---

[1] Vergl. Tafel und Thomas, Urkunden zur älteren Handels- und Staatsgeschichte der Republik Venedig Tom. I (Wien 1856) S. 179 ff.

[2] Über die Lage (= Ṣōma oder Ḳirḳ-ağadž) s. Tomaschek S. 96.

[3] Ramsay, Asia minor S. 156.

[4] Vergl. Ramsay, a. a. O. S. 129 ff.; Tomaschek S. 96.

[5] Georgii Acropolitae opera rec. A. Heisenberg. Leipzig 1903. S. 27, 21: ὁ Ἑρρῆς.. εἰς ξυμβάσεις ἦλθε μετὰ τοῦ βασιλέως Θεοδώρου. καὶ συνεφωνήθη τὰ μὲν τοῦ Κιμινᾶ πάντα — οὕτω γὰρ τὸ ὄρος καλεῖται τὸ ἐγγὺς τῆς Ἀχυράους τυγχάνον — μετὰ καὶ αὐτῆς τῆς Ἀχυράους παρὰ τοῦ τῶν Φράγγων μέρους δεσπόζεσθαι, τὸν δὲ Κάλαμον — κώμη δέ ἐστιν ὁ Κάλαμος, ἐξ οὗ τὸ τῶν Νεοκάστρων ἄρχεται θέμα — μένειν ἄοικον, τὰ δ' ἐντεῦθεν παρὰ τοῦ βασιλέως

Auch in geistlicher Beziehung nahm Pergamon damals eine hervorragende Stellung ein. Unter den hauptsächlich im nordwestlichen Kleinasien gebietenden Kaisern von Nikaea bildeten die hellespontischen und mysischen Bischöfe den Synodalrat des Patriarchen von Nikaea. Der Metropolit einer kirchlich so wichtigen Stadt, wie der Grenzfestung Pergamon, der bisher den 99. Platz innehatte, wurde jetzt plötzlich auf den 19. Thronos[1] erhoben. Er saß nun mit dem an Klaudiupolis' Stelle tretenden eben erst zur Metropolitanwürde erhobenen Bischof von Pontoherakleia (17) ziemlich unmittelbar hinter den großen bithynischen Metropoliten. Denn die dem Range nach dazwischen liegenden Metropolen Side-Sebasteia-Amaseia-Melitene-Tyana usw. waren in den Händen der Ungläubigen und vielfach unbesetzt.[2]

Damals wird auch der pergamenische Metropolit einmal urkundlich erwähnt. Im Jahre 1256 schlichtet der ökumenische Patriarch Arsenios einen Streithandel zwischen dem Metropoliten von Mitylene und einem dortigen Kloster; unter den im Sitzungsprotokoll der ἐνδημοῦσα σύνοδος als anwesend erwähnten Metropoliten zeichnet an letzter Stelle Georgios von Pergamon.[3]

In dieser Epoche hat der spätere Kaiser Theodoros II. Laskaris (1254 bis 1258) noch vor seiner Thronbesteigung die Stadt besucht und darüber in einem Briefe an den späteren Großlogotheten Georgios Akropolites, den Geschichtschreiber berichtet. Es ist interessant zu sehen, mit welcher Ehrfurcht dieser feinsinnige und hochgebildete Byzantiner von den antiken Resten der alten Königsstadt spricht. Er hat Mühe, sich in den weitläufigen Ruinen zurechtzufinden. Der Aufstieg zur Burg kostet ihn An-

---

Θεοδώρου δεσπόζεσθαι· Νεόκαστρα δὲ ταῦτα ἦν καὶ Κελβιανόν, Χλιαρά τε καὶ Πέργαμος καὶ τὰ πλαγίως ἐγκείμενα Μαγιδία τε καὶ Ὀψίκια. Ὑπῆρχε δὲ καὶ ἄλλη χώρα τῷ βασιλεῖ Θεοδώρῳ, ἡ ἀπὸ τοῦ Λοπαδίου ἀρχομένη καὶ Προῦσαν περιλαμβάνουσα καὶ Νίκαιαν. Denselben Bericht schreibt die σύνοψις χρονική a. a. O. S. 462 aus.

[1] Einige Handschriften, z. B. Kodex B 51 der evangelischen Schule in Smyrna fol. 311 haben: κ̅β̅. ἡ Πέργαμος θρόνος οὖσα ϙ̅θ̅ εἰς κ̅β̅ (unter Andronikos) ἐγένετο. Indessen das ist Konfusion. Den 17. Platz nahm in der Rangordnung der Kaiser von Nikaea Pontoherakleia ein.

[2] Über die politischen und kirchlichen Zustände der kleinasiatischen Hellenen vergl. A. Wächter, Der Verfall des Griechentums in Kleinasien im XIV. Jahrhundert. Leipzig 1903.

[3] Miklosich und Müller: acta patriarchatus Const. I. 69 S. 119: τοῦ Περγάμου Γεωργίου.

strengung. Besonderen Eindruck auf ihn machen die zahlreichen Theater, die freilich nur noch einen schwachen Schimmer des ehemaligen Glanzes zeigen. Dann erwähnt er staunend den gewaltigen Gewölbebau der Selinosüberbrückung und die beiden starken Rundtürme in der Umfassungsmauer des Theaters (der Thermenanlage), ebenso das Haus Galens. Neben diesen Zeugen der Vorzeit erregt der Anblick der armseligen Häuschen, welche die Zeitgenossen gleich Mauselöchern dazwischen hineingebaut haben, geradezu physischen Schmerz. Wenn vollends die Bewohner ihren Bauten entsprechen, wie tief unglücklich müssen dieselben sein.[1]

Als dann der geistvolle, militärisch wie diplomatisch gleich gewandte Michael Palaeologos (1259—1282) 1260 die Reichshauptstadt den Romaeern zurückgewann, schienen die alten guten Zeiten wiederzukehren; freilich es schien nur so; denn wie sollte das altersschwache Reich den Angriffen

[1] Theodori Lascaris epistulae CCXVII in Pubbl. del R. Istit. di studi sup. Firenze 1898 epist. LXXX p. 107 vergl. auch P. N. Papageorgiu in Berliner philol. Wochenschr. 1901 Nr. 21, 668. Πέργαμος, πόλις οἷον ἐναερία, οὐ πνευμάτων κατοικητήριον, ἀλλ᾽ ἀνθρώπων εἰς δαίμονας φυλακτήριον (οὕστινας δὴ τούτους ὑποληπτέον) ἡμᾶς ὑπεδέξατο δυσθεώρητος οὖσα, οὐχ ἧττον δὲ δυσανάβατος, θεάτρων οὖσα μεστὴ καὶ τούτων οἷον (Papageorgiu für οἵων) γεγηρακότων καὶ μαρανθέντων τῷ χρόνῳ καὶ ὥσπερ ἐν ὕελῳ τινὶ τήν ποτε δεικνυμένων λαμπρότητα καὶ τὸ μεγαλοπρεπὲς τῶν δειμάντων αὐτά· Ἑλληνικῆς γὰρ μεγαλονοίας ὑπάρχει ταῦτα μεστὰ καὶ σοφίας ταύτης ἰνδάλματα. Δεικνύει δὲ ταῦτα πρὸς ἡμᾶς ἡ πόλις κατονειδίζουσα ὥσπερ ἀπογόνους τινὰς τοῦ πατρῴου κλέους τῷ μεγαλείῳ· σμερδαλέα γάρ εἰσι ταῦτα πρὸς τὰς νῦν ἀνοικοδομάς, κἂν Ἀριστοτέλει δοκῇ πάντα σμικρὰ θαυμασμοῦ πρὸς τὸ σύμπαν. Ἀνεγείρονται δὲ καὶ τείχη χαλκῶν οὐρανῶν ποικίλην οἰκοδομὴν ἔχοντα. Ποταμὸς δὲ μέσον διέρχεται ἀψιδέσι προμηκεστέραις (Papageorgiu für προμηκεστέροις) καταγεφυρούμενος· οὐ μὰ τὸν πόλου δομήτορα συνθέτους εἴποι τις εἶναι ταύτας, ἀλλ᾽ οἷον αὐτοφυεῖς τε καὶ μονολίθους· ἅσπερ εἴπερ εἶδε καὶ Φειδίας ἄλλος λιθοκόπος, ἐθαύμασε τὸ κατὰ στάθμην ἴσον τούτων καὶ ἀκλινές. Μέσον (Papag. für μέσων) δὲ τῶν οἰκοδομῶν κελλύδρια χθαμαλὰ καὶ οἷον (Festa für οἵων) λείψανα τῶν τεθνεώτων οἴκων ἐμφαίνονται πολλὴν ἐμποιοῦντα τῇ θέᾳ τὴν ἀλγηδόνα· ὡς γὰρ εἰς τοὺς νῦν οἴκους αἱ τῶν μυῶν ἔχουσι τρῶγλαι, οὕτως ἂν εἴποι τις καὶ ταῦτα πρὸς τοὺς ἀφανιζομένους· εἰ δὲ καὶ ἡ τῶν οἰκητόρων ἀναλογία τοιαύτη, φεῦ τῆς τῶν ζώντων κακοτυχίας· πόσον ἔσχον τὸ κατ᾽ ἔλασσον ἄνισον. ἐφ᾽ ἑκατέροις μέρεσι δὲ τῶν τοῦ μεγάλου θεάτρου περιτειχισμάτων κυλινδρώδεις ἵστανται πύργοι οἷον ἐξ ἴσου τοὺς λίθους ἔχειν ζηλοτυποῦντες ζώνας τέ τινας περιζωννύμενοι· οὔτε χειρὸς ἔργον οὔτε νοὸς νόημα τοῦτο τῶν νῦν· ἐκπλήττει γὰρ καὶ βλεπόμενον· οἱ δὲ μέσον τὴν ἄνοδον ἔχοντες διαπορθμεύουσι πρὸς τὰ μετ᾽ αὐτοὺς περιτειχίσματα τὴν ἐξέλευσιν· συναναφαίνεται δὲ τῇ πόλει καὶ θαῦμα καινόν. ὡραιότερα γάρ εἰσι τὰ πρόποδα τῆς κορυφῆς καὶ τὰ τῶν τεθνεώτων τῶν ζώντων. Ταύτην ὁρῶντες ἡμεῖς πῶς μὲν ἀθυμοῦμεν πῶς δὲ σκιρτῶμεν καὶ ὥσπερ ἐν χαρμολύπῃ καὶ κλαυσογέλωτί τινι διάγομεν. παιώνειον δέ τι ὥσπερ τὸν τοῦ Γαληνοῦ οἶκον ὁρῶντες ἀρυόμεθα τὴν ὠφέλειαν, τὸν ἡμέτερον Χριστοφόρον ἢ κυρτοφόρον ἔχοντες ὑπουργόν. Ταῦτα δὲ ὁ Κωστομύρης καταμαθὼν ἔδραμε κατιδεῖν ....

der Osmanen von Osten und der Slawenreiche in Europa auf die Dauer standhalten, zumal eine Abschüttelung des kommerziellen Lateinerjochs, zu dem die Palaeologen mehr als einen ohnmächtigen Versuch machten, nie gelang. Hatte doch Michael nur durch Hülfe der mächtigen Rivalen Venedigs, der Genuesen, seine angestammte Hauptstadt zurückgewonnen. Natürlich ließen sich die klugen Italiener die Unterstützung reichlich in Gestalt von dem Reiche sehr schädlichen Handelsprivilegien bezahlen; auch mit der Königin der Meere, der über das aegaeische Inselreich gebietenden Republik Venedig, ging das neue Fürstenhaus bald einen Modus vivendi ein. Das alte herrliche Kaiserreich, einst die erste Großmacht der Christenheit, wurde in eine bescheidene Stellung zweiten, bald dritten Ranges zurückgedrängt.

Immerhin im Beginn ließen sich die Dinge ganz leidlich an.

In der neuen Kirchenordnung (νέα ἔκθεσις) des Kaisers Andronikos des Älteren[1] (vor 1300) wird Pergamon vom 19. auf den 22. Thron hinabgesetzt; es nimmt also immer noch eine sehr angesehene Stellung ein. Man muß bedenken, daß das Reich eine Reihe volkreicher und politisch bedeutender Städte, wie Thessalonike und Adrianopel, zurückgewonnen hatte, hinter denen Pergamon naturgemäß zurücktrat.

Als Kaiser Andronikos 1295 eine Novelle erließ, welche die bei den Bischofswahlen üblichen Donative an die Kleriker als simonistisch aufhob, unterschrieben der Patriarch und sämtliche Bischöfe mit Ausnahme der beiden von Smyrna und Pergamon.[2]

Als der Patriarch Johannes Kosmas am 23. August 1303 seine Entlassung genommen hatte, schickten der Kaiser und die Synode eine Deputation an ihn, um nähere Erklärungen über die Bedeutung der Abdikation zu erlangen. Diese bestand aus dem Patriarchen Athanasios von Alexandria und den Metropoliten Nikephoros von Kreta und Arsenios von Pergamon.[3]

In den Jahren 1315 und 1316 ist der pergamenische Metropolit ständiges Mitglied der ἐνδημοῦσα σύνοδος und sitzt seinem Range gemäß unterhalb Prusa (oder, wenn dieser Prälat abwesend ist, unterhalb Pontoherakleia) und geht vor dem Metropoliten von Palaeae Patrae (bez. von Serrae, Christu-

[1] ὁ γέρων.
[2] Georgios Pachymeres II S. 200, 13 ed. Bonn.
[3] Georgios Pachymeres II S. 349, 14 ed. Bonn.

polis oder Myra). So unterzeichnen bei einer Synodalentscheidung vom September 1315[1] unter anderen:

.. ὁ Προύσης Νικόλαος. ὁ Περγάμου Ἀρσένιος.
ὁ Παλαιῶν Πατρῶν Μιχαὴλ κτλ.

Im Juli desselben Jahres hatte die Synode dem Patriarchen Johannes XIII. die Einkünfte der vier Metropolen Kyzikos, Proikonesos, Philippupolis und Traianupolis überwiesen. An achter Stelle, zwischen den beiden obengenannten Prälaten, unterschreibt[2]:

† ὁ μητροπολίτης Περγάμου, πρόεδρος Αἴνου καὶ ὑπέρτιμος Ἀρσένιος. †

Arsenios scheint der letzte Metropolit gewesen zu sein, welcher im ruhigen Besitz seiner Metropolis gewesen ist. Die Stadt fiel in die Hände der Türken, und die Metropolis kam in die jammervollsten Zustände.[3]

XVIII. Pergamon wird türkisch.

Mit dem Anfang des 14. Jahrhunderts begann die allmähliche Auflösung der Romaeerherrschaft in Kleinasien. Die Zertrümmerung des Reiches von Rūm (Ikonion) durch die Mongolen hatte zur Zersplitterung des östlichen und inneren Kleinasiens in eine Unzahl sich gegenseitig unaufhörlich befehdender Regionalfürstentümer und Feudalstaaten geführt. Aus diesen Anfängen ist das Osmanenreich hervorgegangen. Ein tapferer Landsknecht Osman setzte sich mit seinen Clanscharen am Olympos fest, eroberte Köprihissar und war ein kleiner Raubritter und Feudalherr, wie es damals unzählige gab. Indessen die Römer erhielten eine unerwartete Hülfe in 16000 alanischen Veteranen, welche durch Vermittelung des Metropoliten von Bitzine (Kaukasus) in ihre Dienste traten. Ostern 1302 brach nun Andronikos' Sohn und Mitkaiser Michaël, durch diese Truppen verstärkt, nach dem Osten auf. Allein ohne etwas zu wagen, zog er sich zurück, so daß die Türken bis Menemen (Μαινομένου κάμπος) das Land verwüsteten und den Kaiser in Magnesia einschlossen. Von da kehrte dieser ordnungslos und übereilt nach Pergamon zurück.[4]

---

[1] Acta Patr. Const. I 5, S. 14.

[2] Acta Patr. Const. I 3, S. 5.

[3] Vergl. A. Wächter, a. a. O. S. 44.

[4] Georgios Pachymeres II S. 318, 2 ed. Bonn: αὐτοὶ δὲ μόλις καὶ ἀσυντάκτως σπεύδοντες τὴν Πέργαμον αὐτονυχεὶ ἐν πλείστῳ πόνῳ καταλαμβάνουσιν.

In diesen Kleinkriegen erscheint Pergamon immer noch als ein wichtiger, wenn auch schwer bedrohter Stützpunkt der römischen Herrschaft. Das ganze Gebiet östlich und nördlich von der mysischen Hauptstadt wurde von den Türken systematisch verheert und besetzt. Die erschrockenen Einwohner flüchteten sich massenweise nach Pergamon[1], Atramytion und bis nach Lampsakos und auf die europäische Seite. Die Regierung hatte zudem die tüchtigen Soldtruppen durch unzeitige Lohnkürzung erbittert, und so erfocht Osman am 27. Juli 1301 bei Bapheion (Kujunhissar) einen glänzenden Sieg über den kaiserlichen Feldherrn Muzalon.[2] Bald war auch Kaiser Michaëls Lage in Pergamon unhaltbar geworden. Er mußte sich nach Kyzikos und von da nach Pegai zurückziehen.[3] Die Lage des Römerreiches wurde immer trostloser. Ἦν μὲν οὖν τὰ καθ᾽ ἡμᾶς καὶ λίαν δεινά[4] sagt der gleichzeitige Geschichtsschreiber Georgios Pachymeres. Die zahlreichen kleinen Türkenfürsten hörten nicht auf, das byzantinische Reich längs seiner ganzen Grenze zu bedrohen. Die Grenzschlösser am Sangarios hatte Osman gewonnen; nun bedrohten seine Scharen Nikaea und Prusa am Olympos (Brusa). Die in der Belagerungskunst völlig ungeübten turanischen Reiterscharen haben die uralte Form des Belagerungskrieges geübt, welche schon die Dorer in Messene, in Argos, Korinth und König Agis vor Athen angewandt. Zwei Schlösser (ὁρμητήρια), eines unmittelbar vor den Toren der Stadt, wurden errichtet, und zehn Jahre ängstigten die Besatzungen der Burgen die unglücklichen Einwohner und machten sie mürbe. Als dann Osman sich zum Hauptangriff entschloß und diesen, selbst krank, seinem Sohne Urchan übertrug, schreckte die Einnahme und furchtbare Züchtigung von Edrenos (Adrianutherai) die Besatzung von Brusa dermaßen, daß sie die wichtige Stadt gegen freien Abzug und 30000

---

[1] Georgios Pachymeres, a. a. O. S. 318, 5: Ὑπὸ μέντοι χρείας καὶ κακῶν ὅσα τοῖς ἀνωτέρω Περγάμου ἐφίστατο ἀνέδην ἐπιόντων σφίσι Περσῶν, οὐδεὶς ἦν ἐκείνων ὅστις εὔελπις ἐπὶ τοῖς ἰδίοις καθῆστο, ἀλλ᾽ εὐθὺς ἀνάγκης ἐπιπεσούσης ἀπάρσεως ἐμέμνηντο πάντες, οἱ μὲν μέχρι καὶ αὐτῆς Περγάμου καὶ ἐνδοτέρω περί που τὴν τοῦ Ἀτραμυτίου περίχωρον, οἱ δὲ καὶ ἔγγυς θαλάσσης περὶ τὴν Λάμψακον.

[2] Vergl. J. von Hammer, Geschichte des Osmanischen Reiches, 1827 I S. 67 ff.

[3] Georgios Pachymeres, a. a. O. S. 391, 1: Διὰ ταῦτα καὶ βασιλεὺς Μιχαὴλ οὐχ οἷός τ᾽ ὢν ἐν Περγάμῳ διάγειν, ἀπάρας ἐκεῖθεν συνάμα καὶ ταῖς περὶ αὐτὸν δυνάμεσι Κυζίκῳ ἐπιφοιτᾷ· ἀλλ᾽ οὐδ᾽ ἐκεῖ βραδύνει δέει προσδοκωμένης τῶν Περσῶν δι᾽ αὐτὸν προσβολῆς· ὅθεν κἀκεῖθεν ἀπαναστὰς ἐν Πηγαῖς παραθαλασσιδίῳ γίνεται πόλει κτλ.

[4] Georgios Pachymeres, a. a. O. S. 402, 3.

Byzantiner — von da an die übliche Loskaufsumme bei Friedensschlüssen mit den Osmanen — übergab. So war 1317 Brusa die Hauptstadt des kleinen bithynischen Osmanenreichs geworden. Mit der Regierung seines ebenso tapferen wie gerechten Sohnes Urchan (1326—1359) tritt das Osmanenreich aus dem bisherigen Dunkel hervor; infolge der Eroberung von Isnikmid (Nikomedeia 1326) und Isnik (Nikaea 1330) sowie durch den Übergang nach Europa wird es von jetzt an, wenn auch zeitweise eng befreundet, die ernsteste Gefahr für das byzantinische Reich.[1]

Aber nicht allein auf Kosten der Griechen dehnte Osmans tatkräftiges Geschlecht seine Herrschaft aus. Es begann der Geißel Kleinasiens, der seit dem Sturz von Ikonion die Halbinsel heimsuchenden Vielherrschaft ein schnelles und wohlverdientes Ende zu bereiten. Ganz Mysien stand unter der Herrschaft des Adschlanbeg, des Fürsten von Karasi, der sich hier bei der Teilung des Seldschukenreiches festgesetzt hatte.

Ibn Baṭūṭa besuchte um 1330 Pergamon, das in den Händen des Fürsten von Karasi[2] war. Er war von Magnesia (Maġnīsīja) gekommen und hatte die Nacht mit seiner Karawane bei räuberischen Turkomanen zugebracht, welche ihm sein bestes Pferd stahlen. Dann fährt er fort[3]: »Wir reisten den folgenden Tag ab und gelangten nach Berġama, einer Stadt in Ruinen,

---

[1] Interessant ist die Beschreibung eines gebildeten Zeitgenossen, des gefeierten Reisenden Ibn Baṭūṭa von Urchans Residenz; vergl. Voyages d'Ibn Batoutah, texte arabe, accompagné d'une traduction par C. Defrémery et le Dr. B. R. Sanguinetti, Paris 1854, T. II p. 321: »C'est Ikhtiyār eddin Orkhān bec, fils du sultan 'Othmān tchoûk (Petit 'Othmān). En turc, tchoûk (ou mieux djik) signifie 'petit'. Ce sultan est le plus puissant des rois turcomans, le plus riche en trésors, en villes et en soldats. Il possède près de cent châteaux forts, dont il ne cesse presque jamais de faire le tour. Il passe plusieurs jours dans chacun d'eux, afin de les réparer et d'inspecter leur situation. On dit qu'il ne séjourna jamais un mois entier dans une ville. Il combat les infidèles et les assiège. C'est son père qui a conquis sur les Grecs la ville de Boursa (Burṣa), et le tombeau de celui-ci se voit dans la mosquée de cette ville, qui était auparavant une église des chrétiens. On raconte que ce prince assiégea la ville de Yeznîc (Jaznīk = Nikaea) pendant environ vingt ans, et qu'il mourut avant de la prendre. Son fils, que nous venons de mentionner, en fit le siège durant douze ans, et s'en rendit maître. Ce fut là que je le vis, et il m'envoya beaucoup de pièces d'argent.

[2] τὰ δ' ἀπὸ Λυδίας καὶ Αἰολίδος ἄχρι Μυσίας τῆς πρὸς τῷ Ἑλλησπόντῳ ὅ τε Καλάμης λεγόμενος (κατέσχεν) καὶ ὁ παῖς αὐτοῦ Καρασῆς. Niceph. Greg. I S. 214, 20 ed. Bonn. Phrantzes teiIt Pergamon irrig dem Sasan zu: τὰ δὲ περὶ τὴν Μαγνησίαν καὶ Πέργαμον καὶ Ἔφεσον ὁ Σασάν. Georg. Phrantzes S. 77, 16 ed. Bonn.

[3] Voyages II p. 315ff.

welche eine große und sehr feste, auf dem Gipfel eines Berges gelegene Burg besitzt. Man sagt, daß der Philosoph Platon[1] einer der Bewohner dieser Stadt gewesen war, und das Haus, welches er bewohnte, ist noch bekannt unter seinem Namen. Wir wohnten zu Berġama in der Einsiedelei eines Faḳīrs von der Sekte al-Aḥmedīja; aber einer der Großen der Stadt kam hinzu, führte uns in sein Haus und behandelte uns mit großer Zuvorkommenheit.

[Vom Sulṭān von Berġama.] Er heißt Jaḫšī Ḫān. Ḫān bedeutet bei diesen Völkern so viel als Sulṭān, und Jaḫšī heißt 'vortrefflich'. Wir fanden ihn in seiner Sommerwohnung; man meldete ihm unsere Ankunft, er sandte uns ein Festkleid und ein Stück von dem Ḳodsī genannten Stoffe«.

Offenbar war der heilige Mann mit dem Empfang beim Ḫān von Berġama nur wenig zufrieden und schildert daher seinen Aufenthalt in der Stadt mit auffallender Einsilbigkeit.

Kurz darauf wurde die Stadt dem Osmanischen Reiche einverleibt.[2] Adschlanbeg hatte bei seinem Tode zwei Söhne hinterlassen. Der ältere folgte ihm in der Herrschaft, während der jüngere Tursun bei Urchan erzogen ward. Dieser intriguierte gegen seinen Bruder und versprach dem Osmanenfürsten einen Teil des väterlichen Reichs mit der wichtigen Stadt Balī-Kesrī, wenn er ihm zur Herrschaft über den Rest verhelfe. Der unglückliche Fürst verschanzte sich gegen die heranziehenden Osmanen in dem festen Berġama. Es kam zu einem Vertrag, wonach die beiden Brüder das Reich teilen sollten. Doch der mit Grund erbitterte ältere Bruder ermordete den jüngeren, für die Osmanen der willkommene Anlaß, das ganze mysische Fürstentum ihrem Reiche einzuverleiben. Nach kurzem Widerstand übergab der Brudermörder seine Festung den Osmanen und lebte als Staatspensionär in Brusa aus.[3]

Urchan schlug die Stadt mit ihrem Gebiete zu dem Sandschake von Chudāvendikiār[4] d. h. von Brusa, zu dem sie noch heute gehört.

Die selbständige Geschichte der Stadt hört nun auf. Es wird türkische Provinzialstadt. Aber ein großer Umschwung tritt nun ein. Als

---

[1] »Verwechslung mit Galenos«, Defrémery.

[2] J. von Hammer, Geschichte des Osmanischen Reiches I², S. 109ff.

[3] J. von Hammer, a. a. O. S. 111ff.

[4] D. h. Sandschak des Herrn, weil es ursprünglich von Urchan als dritte Provinz für seinen jüngeren Bruder Murad eingerichtet ward.

Grenzfestung der Byzantiner und als Residenz der Fürsten von Karasi war Pergamon vor allem Festung gewesen. Jetzt mitten in dem rasch nach allen Seiten sich vergrößernden osmanischen Gebiete gelegen, hatte Bergama als Festung keine Bedeutung mehr. Die neue türkische Bevölkerung verließ den schwer zugänglichen Bergfelsen und siedelte sich in der von ihr beherrschten Flußniederung an: »Nach der mohammedanischen Eroberung verkümmerte dieser bis dahin lebendig gebliebene Stadtkern auf dem Berge völlig.

Die ältesten mohammedanischen Bauten, mehrere Moscheen, setzen auf den Ruinen der römischen Unterstadt auf, und hier unten lebt die türkische Stadt bis heute weiter, wie in der Römerzeit, in der wenigstens so weit von der Küste entfernt vorherrschenden Sicherheit gegen äußere Feinde als eine offene Stadt.«[1]

Immerhin ist es in der ersten Zeit des Osmanischen Reiches nicht unbedeutend. Über die christliche Gemeinde in Pergamon und ihre überaus traurigen Zustände wirft interessantes Licht ein Aktenstück des Patriarchats Konstantinopel[2] unter Patriarch Neilos (1380—1388) vom September 1387. Von den fürchterlichen Leiden, welche die unglückliche griechische Bevölkerung Kleinasiens im 14. Jahrhundert durchmachte, wie sie von den türkischen neuen Herren unaufhörlich geängstigt, immer mehr zertreten und vernichtet wurde, entrollen uns die Akten der Patriarchalsynode ein erschütterndes Bild. Als ein höchst anschaulicher Beleg für dieses allmähliche Hinsterben des Hellenenvolkes mag dieses Aktenstück auszugsweise hier mitgeteilt werden:

»Der heiligste Metropolit von Ephesos, Hochehrwürden und Exarch von Asien, der im heiligen Geiste geliebte Bruder und Mitdiener unsrer Niedrigkeit, nahm an der von uns präsidierten Synode Teil und stellte einen Antrag bezüglich seiner Kirche und ihres Sprengels, indem er ausführte, daß seine Metropolis früher reich mit Gütern gesegnet war, als noch das Römische Reich blühte und gedieh und überall Friede auf dem

---

[1] Conze, pro Pergamo S. 18; vergl. auch: Die Kleinfunde aus Pergamon S. 27: »Die Osmanen setzten sich in der römischen Unterstadt auf deren Ruinen fest, ohne je den Stadtberg zu besiedeln. Ein merkwürdiger Aberglaube hinderte noch jüngst, wie man in Pergamon behauptete, den jeweiligen Kaïmakam, den Stadtberg, das Kaleh, zu betreten, er würde sonst sein Amt verlieren.«

[2] Miklosich und Müller, Acta Patriarchatus II 397, S. 103 ff.

Erdkreise herrschte. Sie besaß eine schier unzählbare Masse an beweglichem und unbeweglichem Besitze und hatte eine ansehnliche Synode von Bischöfen unter sich, welche alle Dioezesen des Ostens insgesamt, ja vielleicht selbst die des Westens durch die Menge ihrer Bischöfe und die Größe ihres Sprengels übertraf... Einige Bischöfe wurden ihrem Sprengel entzogen und zu Metropolen erhöht; sie wurden selbständig gemacht und dem Patriarchalthrone direkt unterstellt. Als nun das Römische Reich in Blüte stand und die Städte eine zahlreiche Bevölkerung enthielten, so daß jede einzelne Kirche ihren Oberpriester haben konnte, war er selbst mit den vor Alters gefaßten Beschlüssen einverstanden und wollte nicht die von den Vätern gesetzten Grenzen verrücken. Seit aber alle Städte und Lande ein Raub der Heiden geworden und vom Erdboden vertilgt worden sind, seit man bei den einen nicht einmal die Namen, daß sie einst Städte gewesen, kennt, und vom Dasein der anderen nur geringe Überbleibsel zeugen, die kaum eine Handvoll christlicher Bewohner zählen, und nicht mehr imstande sind einen dürftigen armen Priester, geschweige denn einen Metropoliten oder Bischof zu unterhalten, hat er unsere Niedrigkeit und die um uns versammelte göttliche und heilige Synode ersucht, seiner allerheiligsten Mutterkirche von Ephesos die vor langer Zeit zu Metropolen erhobenen Bistümer zurückzuerstatten, nämlich Pyrgion, welches in den Bistümerlisten Dios Hieron heißt und Pergamos (τὴν Πέργαμον) .... Darauf hat unsere Niedrigkeit gemeinsam mit den Konsynodalen den heiligsten Oberpriestern, Hochehrwürden, die Sache in Untersuchung gezogen, entschieden und erklärt, das Gesuch des Prälaten von Ephesos sei gerecht, und bezüglich der Kirchen von Pyrgion und Pergamos, welche ehedem aus Bistümern zu dem Ehrenrang von Metropolen gelangt waren, befahlen wir, daß sie wiederum Bistümer sein und der Metropolis von Ephesos unterstehen sollten, nicht allein, weil es unmöglich ist, dort Metropoliten einzusetzen, sondern weil dies etwas ganz gewöhnliches ist, das in vielen Kirchen zu geschehen pflegt, nämlich daß sie .... wenn die Dinge eine schlimme Wendung nehmen, wieder ihren alten Bischofsrang erhalten, es sei denn, daß diese Kirchen durch einen langen Zeitraum solcher Ehre teilhaft wurden und sie sich als vollauf fähig erwiesen einen Metropoliten zu erhalten, und tatsächlich eine ganze Reihenfolge von Metropoliten gewählt worden ist, und es also unmöglich ist, diese wieder in Bistümer zu verwandeln. Diese (beiden) nehme nun der heiligste Metropolit von Ephesos in Empfang ....« Wie tief muß die griechische Gemeinde von Pergamon an Zahl und Ansehen gesunken sein, wenn das offizielle Organ des ökumenischen Patriarchats bekennt, die Christen der Stadt seien nicht einmal mehr imstande, auch nur einen Priester notdürftig zu erhalten.

XIX. Pergamon unter den Osmanen.

In der Reichsgeschichte spielt die Stadt von jetzt an eine untergeordnete Rolle und wird nur gelegentlich erwähnt.

In den Thronwirren nach Andronikos' III. Tode (15. Juni 1341) hatte sich der ehrgeizige Großdomestikos Johannes Kantakuzenos in Didymoteichos festgesetzt. Nachdem er sich mit dem Bulgarencaren Alexander verständigt hatte, rückte er nach dem Chersones, da er erfuhr, daß eine Hülfsmannschaft der verbündeten Türken von *Berġama* unter Führung eines Paschas herankomme.[1]

Nach der Schlacht bei Angora (20. Juli 1402) wandte sich Timur nach Westen, nahm Kjutahija (Κοτυάειον) und raubte es aus; dasselbe Schicksal hatten Brusa, Isnik und Isnikmid; vor allem auf die Schätze der Christen hatte es der fanatische Schiite abgesehen. Nach Verwüstung des unteren Phrygiens und seiner Städte kam er nach Asien: »Er wandte sich nach »Adramytion (Edremid) und Assos und zog dann nach Pergamon. Da»selbst verweilte er einige Tage und schleppte aus den umliegenden »Städten Schätze, junge Bursche und Mädchen als Gefangene zusammen. »Dann verurteilte und schlachtete er alle Türken und Romaeer ab; um sie »zur Herausgabe ihrer Gold- und Silberschätze zu veranlassen, ließ er sie »langsam am Feuer braten oder in Hungertürme einschließen. Nachdem »er so einen gewaltigen Reichtum zusammengebracht hatte, wandte er sich »nach dem am Sipylos gelegenen Magnesia.«[2] Dieses grauenhafte Gemälde des guten *Dukas* charakterisiert den Mongoleneinbruch. In dem Bürgerkriege, welcher nach dem Sturze Bājezīds zwischen seinen Söhnen aus-

---

[1] Δομέστικος δὲ ὁ μέγας εἰς Χερρόνησον μετὰ τῆς στρατιᾶς ἐχώρει, πεπυσμένος στρατιὰν Περσῶν πεζὴν μέλλουσαν εἰς Χερρόνησον ἐμβάλλειν ἐκ Περγάμου ἀφιγμένην, ἧς Γιαξῆς σατράπης ἦν. *Johann. Cantacuz.* II S. 70, 1, ed. Bonn.

[2] *Dukas*, Hist. Byz., c. XVII p. 72, 11 ff., ed. Bonn.

brach, wird Berġama ebenfalls erwähnt. Der geniale, aber liederliche Suleiman, der deshalb auch seinem gewandten Bruder Mohammed I. erlag, hatte sich nicht nur zum Herrn von Europa gemacht und wurde von allen christlichen Fürsten anerkannt, sondern unternahm auch einen siegreichen Feldzug nach Asien 1406, welcher die Macht der von Timur hergestellten Fürsten von Karaman und Kermian brach und auch Mohammed I. auf sein Stammgut Tokat-Amasia zurückwarf. Von Brusa aus, das ihm freiwillig die Tore öffnete, wandte er sich mit 25000 Mann gegen den wetterwendischen Dschuneid (Τζινεήτ), »und von Lopadion aufbrechend, zog er nach Pergamon und nach dem Blachfeld τοῦ Μαινομένου (Menemen), von dem Blachfeld aber nach Smyrna«.[1]

Auch in der Endkatastrophe des genialen Intriganten Dschuneid wird Berġama noch einmal erwähnt. Auf dem Feldzuge, wo Murād sich des Empörers und Verräters entledigte, setzte er von Rumili nach Asien über und kam nach Brusa; »von da aufbrechend, setzte er bei Lopadion über die Brücke nach Pergamon; von Pergamon gelangte er nach Magnesia und von Magnesia nach Smyrna, von Smyrna nach Thyraea (Tire) und Ephesos, wo die Boten aller Emire nicht nur der Umgegend, sondern auch von fernher bei ihm zusammenströmten.[2]

Der einstige Glanz und die Größe der Stadt erregten auch die Bewunderung ihrer neuen türkischen Gebieter. Die herrlichen Ruinen galten ihnen als ehemalige Residenz Nimrods.[3]

Neben solchen zufälligen Angaben der Geschichtschreiber und türkischen Legenden stehen uns aber für die ältere osmanische Epoche auch einige inschriftliche Daten zu Gebote.

Zunächst geben uns die Bauinschriften wichtige Anhaltepunkte über die Blüte der muslimischen Stadt im 14. und 15. Jahrhundert, als dieselbe sich mächtig in der Kaïkosebene auszudehnen begann.

Wie Brusa und Isnik, wurde auch Berġama von den neuen Herren durch Moscheen, Medressen, Armenküchen und andere fromme und wohl-

---

[1] Dukas, a. a. O. p. 85, 3.

[2] Dukas, a. a. O. p. 196, 12: ὁ δὲ Μωρὰτ ... περᾷ τὴν Θρᾴκην καὶ ἐν Προύσῃ γέγονε, κἀκεῖθεν ἀπάρας καὶ τὴν γέφυραν περάσας τοῦ Λοπαδίου κατῆλθεν εἰς Πέργαμον, ἀπὸ δὲ Περγάμου εἰς Μαγνησίαν ἀφίκετο, ἀπὸ δὲ Μαγνησίας εἰς Σμύρνην, ἀπὸ δὲ Σμύρνης εἰς Θύραια καὶ Ἔφεσον. συνέρρεον δὲ τῶν πέριξ ἡγεμόνων ἀποκρισιάριοι, ἀλλὰ καὶ τῶν μακράν.

[3] J. von Hammer, Gesch. d. Osman. Reiches III², S. 113 und Anm. 3.

tätige Einrichtungen geschmückt. Darüber berichten uns die Inschriften der Gebäude.[1]

Die älteste derselben gehört einem Profanbau an, den Urchans Sohn, der Eroberer Adrianopels, Murād Chān (761—792 H. = 1359/60—1389/90), aufgeführt hat; es ist die Ḳoyün-Köpry, die Schafbrücke, ein sehr ansehnlicher Bogenbau, aus großenteils antiken Steinwerkstücken aufgeführt, der sich etwa eine Stunde von Berġama auf dem Wege nach Ṣoma befindet.

I. »Im Namen Gottes des Gütigen, des Erbarmers (hat bauen lassen und herrichten lassen) . . . . der gerechte Herrscher Murād Chān; Gott lasse seine Herrschaft lange währen . . . . Gott vergebe ihnen beiden, im Jahre 785 H. (1383/4).

Nächst Murād hat auch sein Sohn, der große Eroberer und gewaltige Bauherr Bājezīd Chān (1389/90—1402/3) durch Neubauten für die Verschönerung der im Entstehen begriffenen türkischen Unterstadt Berġama gewirkt. Bājezīd Chān ist der Erbauer der im Norden der Unterstadt befindlichen Moschee Ulu-Dschāmi. Sie liegt unmittelbar am Fuße des Schloßberges in dem nach »dem großen Gotteshause« benannten Quartier Dschedīd Dschāmi Kebīr. Auch heute legt der noch aufrecht stehende gewaltige Bau von der Kunst der damaligen Architekten und der Prachtliebe dieses stolzen Fürsten ein bedeutsames Zeugnis ab.

Der Text der Ulu-Dschāmi-Inschrift lautet nach Vollers' Übersetzung:

II. »Errichtet hat diese edle Moschee, diese liebliche Sammelstätte[2] der erhabene Sultan der Sultane, der Oberherr der Araber und Nicht-Araber[3], der Helfer der siegreichen[4] Glaubensstreiter, Bājezīd Chān, b.

---

[1] Durch Conzes Vermittelung habe ich von Inschrift 1 eine allerdings nur sehr unvollkommene, fragmentarische Kopie Bedri-Beys erhalten; dagegen von Inschrift 2 und 3 vorzügliche Photographien, welche die schöne arabische Kalligraphie sehr gut wiedergeben. Beigefügt waren französische Übertragungen von Halil-Edhem und Schewky. Eine genaue Übersetzung sämtlicher Inschriften verdanke ich meinem Kollegen Vollers.

[2] Der arabische Ausdruck 'ġāmi'', TZÁMI' verhält sich zu dem gewöhnlichen Ausdruck 'Moschee' etwa wie Dom (Münster, Kathedrale) zu 'Kirche', ist aber hier wohl mehr rhetorisch gebraucht.

[3] Genau wie die Titulatur der Sāsāniden: König der Könige, Oberherr über Arier und Anarier.

[4] Der arabische Ausdruck, Plur. von ġāzi, bezeichnet in der epigraphischen und numismatischen Sprache schon der Kreuzfahrerzeiten den, der tapfer gegen die Christen kämpfte. Vergl. die nach dem Kriege von 1877/78 an Osmān Pascha und Muchtār Pascha

Murād Chān, Gott lasse seine Herrschaft lange währen, im Jahre 801 H. (= 1398/9).

Die folgende Inschrift gehört einem Bau des 15. Jahrhunderts dem Tasch-Chan an, der unter Murād, dem Sohne Moḥammads I. (1421 bis 1451) errichtet wurde. Es ist ein stattlicher Steinbau; daher der Name. Ihre Übersetzung lautet nach Vollers:

III. Erbaut hat dies Ribāṭ[1] Hibatallāh b. Maḥmūd, bekannt als Chaṭib, Gott vergebe ihnen beiden.[2] In der Zeit des Großkönigs Murād ben Moḥammad. Gott lasse seinen Schatten[3] auf alle Muslime lange fallen, im Jahre 835 H. (= 1431/2).

Aus derselben Zeit stammt eine Inschrift der im äußersten Süden gelegenen Kursünli (Kurschunly) Dschāmi, von der ich nur eine Übersetzung Halil-Edhems beschaffen kann:

IV. Cette sainte chapelle a été construite par Elhadj-Hassan, fils de Safy, dans le mois de Rebioul-ewel de l'année 839 H. (1435/6).

Noch einmal tritt Berġama in die Reichsgeschichte unter dem fürchterlichen Tyrannen Murād IV. (1623—1640). Als derselbe (Mai 1632) unter Strömen Blutes die unbotmäßigen Sipahis gebändigt und damit seine Alleinherrschaft begründet hatte, wurde auch mit den kleinasiatischen Rebellen, die in Karaman und Karasi eine nahezu unabhängige Stellung einnahmen, energisch aufgeräumt. Als Statthalter von Karasi gebot der zu Balikesri geborene Wesir Iljās-Pascha. Er hatte im Perserkriege gute Dienste geleistet und sich jetzt mit seinen geworbenen Leuten in der Gegend von Berġama, zu Karasi und am Ida festgesetzt. Die Rebellenunruhen benutzte er zu einem Versuch, auch Mitylene zu gewinnen, der freilich fehlschlug. Dagegen bemächtigte er sich Magnesias. Als der Padischah Truppen gegen ihn aussandte, schaffte er seine beste Habe nach Berġama, dessen Verteidigung er einem seiner Aga, Latschin, übertrug, während er selbst mit zehntausend Mann in der Ebene von Alaschehr (Philadelpheia) das

verliehenen Titel und Attalik Ġazi, der dem Andidjāni Jakub Beg vom Sultan verliehene Titel als unabhängigem Herrscher von Ost-Turkestan nach der siegreichen Vernichtung der ungläubigen Chinesen (1868).

[1] Ribāṭ ist ursprünglich eine Art Grenzfort für Glaubensstreiter. Hier wird ein Chan damit bezeichnet, Hallen mit Oberstock um einen rechteckigen Hof mitten in der Unterstadt Berġama, noch heute als Chan benutzt.

[2] D. h. dem Sohne und dem Vater.

[3] Schatten = Schutz.

Feld hielt. Durch die Beglerbege von Karaman und Anadoli geschlagen, warf er sich in die Burg von Berġama. Die beiden Wesire waren nicht imstande, die feste Burg zu nehmen und ließen sich auf Unterhandlungen ein. Iljās-Pascha erhielt ein kaiserliches Handschreiben vollkommenster Verzeihung. Ein Vertrag kam zustande, wonach der Empörer Magnesia, Karasi, den Ida, Berġama, Balikesri, Adramid, Ajasmend, Alaschehr, Menemen und Fodscha übergab. Natürlich wurde Iljās-Pascha trotzdem hingerichtet.[1]

Wie sich in Brusa um die Prachtmoscheen der Hauptstadt die Medressen der Koranleser und die Klöster der Derwische sammelten, so auch, wenn auch in geringerem Grade, in Berġama. Die Stadt wurde ein Mittelpunkt mohammedanischer theologischer Gelehrsamkeit. Aus diesen Kreisen ging ein sehr angesehener Gelehrter hervor. »Aus Berġama stammte Moḥammad ben Suleiman el-Kafijagi, ein angesehener und fruchtbarer Polyhistor, geboren 788 H. (1386/7), gestorben in Kairo 879 (1474/5). Der berühmte Abderrahman as-Siuti gehörte zu seinen Schülern.«[2]

Auch im 16. Jahrhundert war die Bautätigkeit in Berġama nicht erloschen. Damals entstand in dem unmittelbar neben dem römischen Theater gelegenen Quartier Hadschi Bajazet die Tschadirwan Dschāmi. Eine Inschrift über der Tür nennt den Erbauer, nach Bedri-Beys Übersetzung: »Hadschi-Hassan, fils de Hadschi-Osman, dans l'année 957« (1550/1).

Von den türkischen Reisenden gedenkt Evlia-Efendi unserer Stadt nicht; dagegen hat Mustafa ben 'Abdalla, genannt Hadschi Chalifa oder auch Katīb Tjelebi, in seinem 1145 H. (1732/3) gedruckten Werke Ġihān-Numā (= speculum mundi) eine längere Stelle über Berġama. Hadschi Chalifa hatte zahlreiche Feldzüge mitgemacht und so durch Autopsie sich die Kenntnis großer Strecken des Türkischen Reiches und der Umlande erworben. Unter Sultan Moḥammad IV. (1648—1687) war er hoher richterlicher Beamter, Kadi von Anadoli, dann von Istambol. Der Beherrscher der Gläubigen interessierte sich für ihn und förderte seine gelehrte Tätigkeit. Bei der Beschreibung des Ejalet Chudāvendikiār handelt er von den um Brusa gelegenen Städten und erwähnt unter diesen Berġama, »einen Tagemarsch von Ajasmend entfernt«. Er gedenkt des hohen, von einem

---

[1] J. von Hammer, Geschichte des Osmanischen Reiches III², S. 112—114.
[2] Vollers nach Tasch Kiöprüzade, Äg. Randausgabe, I, 124—126.

Schloß gekrönten Burgberges. Die Stadt schildert er als in einer geräumigen Ebene aufgebaut, geschmückt mit Moscheen, Bädern und Marktplätzen. Er erwähnt endlich auch ihren Hafen Tjanderlü.[1]

Endlich ist noch aus dem Beginn des vorigen Jahrhunderts die Reparatur der Kulaksis Dschāmi[2] zu erwähnen. Die Inschrift lautet nach Bedri-Beys Übersetzung: Réparée par Ayché, fille de Hadji-Mehmed. 1217 H. (1802/3).

Die neueste, vor allem die mit den deutschen Ausgrabungen beginnende Epoche der Stadtgeschichte liegt außerhalb des meiner Arbeit gesteckten Zieles.

---

[1] = Pitane. Gihan Numa, Geographia orientalis ex Turcico in Latinum versa a Matth. Norberg. Lund 1818, II, S. 478: Bargama quod ab Ajāzmend 1 stat. in septentrionem vergit. Hinc procul et quidem itinere 5 hor., sub radicibus montis in colle edito arduique adscensus castellum iacet. Cuius vero ab occasu, rectaque versus mare, in extremitate campi spatiosi iacet haec urbs, plura templa, balnea et fora habens. Portusque suus Tjanderlu est.

[2] An der Hauptstraße der Unterstadt, welche vom Konak nach dem Hauptmarkte führt.

Berlin, gedruckt in der Reichsdruckerei.

www.ingramcontent.com/pod-product-compliance
Lightning Source LLC
Chambersburg PA
CBHW021736220426
43662CB00008B/875
* 9 7 8 3 9 5 5 6 4 0 6 5 1 *